U0898857

信马由缰

马精武／口述
褚秋艳／编撰

人民交通出版社股份有限公司
China Communications Press Co.,Ltd.

图书在版编目（CIP）数据

信马由缰／马精武口述；褚秋艳编撰． -- 北京 ：人民交通出版社股份有限公司，2015.1

ISBN 978-7-114-11857-9

Ⅰ.①信… Ⅱ．①马… ②褚… Ⅲ．①马精武－传记 Ⅳ．① K825.78

中国版本图书馆 CIP 数据核字（2014）第 269375 号

Xin Ma You Jiang

书　　名：**信马由缰**

口　　述：马精武

编　　撰：褚秋艳

责任编辑：刘　君　刘楚馨　童　亮

出版发行：人民交通出版社股份有限公司

地　　址：（100011）北京市朝阳区安定门外外馆斜街 3 号

网　　址：http://www.ccpress.com.cn

销售电话：（010）59757973

总 经 销：人民交通出版社股份有限公司发行部

经　　销：各地新华书店

印　　刷：中国电影出版社印刷厂

开　　本：720×960　1/16

印　　张：18.5

字　　数：226 千

版　　次：2015 年 1 月第 1 版

印　　次：2015 年 1 月第 1 次印刷

书　　号：ISBN 978-7-114-11857-9

定　　价：46.00 元

《演员丛书》总序

从1905年第一部无声电影《定军山》至今，中国的电影艺术走过了109个春秋。与之相比，电视剧要年轻一些，从1958年的《一口菜饼子》开始，到今天也有56年的历史了。百余年的时光里，大浪淘沙，谢添、赵丹、张平、张瑞芳、陈强、白杨、孙道临等众多演员将名字镌刻在银幕上、历史中，他们汇聚起一条光辉灿烂的星河，在时光流转中照亮了中国影视艺术的天空，并以璀璨夺目的壮美吸引着、指引着一代又一代影视人汇入这条长河中，努力着，骄傲着，燃烧着，以自己的一抹华彩，让中国影视艺术更加绚烂。

如何让每一代年轻人都能欣赏到这条星河的美景，让他们记住，让他们神往，让他们树立起艺术人生的标杆？让千百万有着演员梦的人向着艺术家的方向去努力，去奋进？诚然，观看这些著名演员的代表作品是绝好的途径，但是，影视作品中所见的大都是他们的艺术光辉，若想全面深入地了解一代代影视人的人生经历、艺术理念、创作观点以及不懈奋斗的心路历程，阅读他们的传记无疑是最好的选择。

现在我国影视行业以每年二百多部电影，一万七千余集电视剧的速度蓬勃发展，因而聚集了众多从事表演工作的演员。我作为中国广播电影电视社会组织联合会演员委员会的会长，一直有个心愿和计划，希望为当今德艺双馨的影视表演艺术家、演员作传，形成一套“演员丛书”，用榜样的力量端正广大演员的创作态度，进一步壮大社会主义文艺力量，创作出更多无愧于时代的优秀作品。而同时，由演员亲自撰写或口述的传记，将成为他们艺术人生的最真实记录，更是中国影视艺术的宝贵财富。

2014年3月，这一计划得到人民交通出版社的鼎力支持，并于5月底开始实施。在此，我代表演员委员会对人民交通出版社和社长朱伽林先生表示诚挚的感谢！

“演员丛书”首批人选在几经斟酌后，选定了北京电影学院的马精武和李苒苒教授。他们不但是影视表演艺术家，更是教育家，也是我的恩师。桃李不言，下自成蹊。在五十多年的教学中，他们孜孜不倦，视徒如子，点亮无数星光，并且积累了大量行之有效的教学和表演经验。相信他们的传记将带给更多从事演员工作的人以启迪。

太平世界，因人物而繁盛，让中国影视的星空永亮，正是“演员丛书”中的所有艺术家、演员、作者以及关心和支持本套丛书的社会各界朋友们的共同心愿。让我们见贤思齐，在这个伟大的时代中不断修为，不断前行！

2014年10月于北京

同代人的述说

谢飞

“信马由缰”、“时光荏苒”，马精武、李苒苒伉俪传记的名字起得真好。作为挚友，我也非常荣幸与快乐地为这两本书作序。

我和精武、苒苒夫妇学习及工作在同一所大学——北京电影学院。人们常说，大学同学之间恋爱的，结婚的不多；结了婚的，白头到老的更不多。而他们俩却是个少有的“相伴一生”的奇葩。我们是同一代人，生于战乱的三四十年代，长于美好的五十年代，困于动荡的六七十年代，成于改革的八九十年代，叫我们“理想的一代”、“奋斗的一代”也好，叫我们“受骗的一代”、“失落的一代”也好，我们每个人的人生旅程中，都闪烁着奋斗足迹和思想光辉，永远灿烂。

因为，我们是祖国历史中无法忽视与抹去的一个存在。

才华横溢，可以说是马精武与李苒苒的第一个共同特点。

记得我还是个高中生的时候，就跑到北京民族宫剧场看过他们的毕业话剧公演：《普拉东·柯列契特》和《雷雨》。那时的马精武已少年成名，出演过中苏第一部合拍的宽银幕彩色故事片《风从东方来》，演主角的青年时期（成年时期由大演员田方饰演）。他在舞台上英俊挺拔，魅力十足，早已拥有了像我这样的一大批的学生影迷“粉丝”。而那时的李苒苒在舞台上塑造的繁漪，完全没有青年学生的稚嫩与单薄，尽显自己独特的知性和韵味，令人难忘。用学中翘楚、才子佳人来称呼他们这一对青年才俊，绝不是虚言。

马精武的才华，突出表现在他在银幕与舞台上的表演里。他不仅在大学二年级时被挑选出演了前面说到的《风从东方来》，刚刚毕业，就参演了北影“四大导”之一的成荫的影片《停战以后》；“文化大革命”后期，又先后参演了风靡全国的影片《艳阳天》、《金光大道》，因扮演马老四、张金发等角色而家喻户晓。这样的业务履历，绝不比他后来许多出了名的学生们的知名度差。

精武兄的艺术才华还表现在能歌善舞、会编善导上面。那个时代的电影学院，每次校内庆典，下工厂、到农村，哪次演出少得了马精武的节目和主持呢？他的新疆歌舞《双送礼》，风靡各地；“文革”中的歌舞剧《红灯照》，演遍北京。我的老照片相册里的那些照片，记述着他带领着我们这些下放“接受再教育”的青年文艺工作者，在河北白洋淀农村的四五年里，在田边、湖畔经常创作与表演的大量的“革命宣传节目”：对口词、三句半、小话剧、小歌舞等。

所幸当我们即将进入中年的时刻，迎来了改革开放的新时期，他将自己的编导演、歌舞、喜剧、书法等众多艺术才华投入到有意义的创作与教学中去，正如传记中记述的《笑比哭好》、《行窃大师》、《最后一幕》等。我总觉得，以马精武的表演天赋、超强的模仿力、极佳的喜剧才华，他应该在新时期的喜剧小品表演上拥有突出的席位。

苒苒老师的艺术才华突出表现在她的表演教学上。

1960年毕业后，她曾被分配到北京电影制片厂演员剧团；很快她就调回到电影学院，做表演教员。因为她能写善讲，善于从感性实践中总结理性知识，这正是她的长处与潜能。通过一班又一班的表演教学实践和个人的舞台与银幕实践体验，她总结出了许多表演与教学的真知灼见。她在传记的第二章教学篇中，记述的一些重要经验和论述，非常值得艺术教育的后辈们研读与领会。她的学生中涌现了很多耀眼的人才，如“文革”末期北京电影学院合并到中央戏剧学院时，她参与招生及教学的74级，回归电影学院后的78级、81级业余班、82级、明星班、89级等班级中，出现的赵宝刚、娜仁花、臧金生、林芳兵、张晓敏、唐国强、宋春丽、邵兵、柳云龙、俞飞鸿等，都证明了苒苒老师在发现与培养表演人才上的睿智与才华，他们是她一生辛苦付出、严格治学的硕果。

苒苒能演善教，会编勤写。她自己编剧、导演的话剧《这不是戏》、《青春不会等待》等话剧与电影，都是紧密结合课堂教学的产物。她和精武兄离退休之后，当年他们担任教学的“表演师资班”培养的高材生崔新琴、霍璇等老师，继承了他们的传统，培养出了今天一代的表演新秀。

历史就是这样，可惜与可喜相伴，失去与获得并存。今天重要的是在回顾与阅读前人的足迹之后，我们能多明白些道理，多汲取些经验。

正直友善，是这对表演教育伉俪的第二个人生特点。

我和精武、苒苒夫妇不仅是多年的同事，更是挚友。除了多次的影视创作合作以外，还一同参加了众多的社会活动，一同下放，一块儿“改造”。在河北白洋淀的东向阳村的农民家里，我和精武兄并肩睡在一个土炕上长达三年，可谓知根知底，情同手足。

马精武、李苒苒夫妇的热情好客是出了名的，从小西天筒子楼的小屋，到后来的教授单元，再到他们现在的宽敞居所，记不清有多少次见到学生、同事、朋友们在那里欢乐聚会，看精武的书法表演，共叙友情。

对众多友朋、学生有如此巨大、长久的凝聚力，缘于他们夫妇的人品。为人正直、真诚，苒苒在各种问题上总是有自己的见解，她的坚强的品格，让我由衷地佩服。进入退休生活后，我和他们见面的次数渐少，但是我惊喜地发现，我们之中年龄最大的苒苒，却是位精神和心灵最年轻、最能接受新事物的与时俱进者。在我们这个年龄群里，她使用微博很早，也非常有趣；对每日每刻社会上的事物、文艺潮流的变化，以及过去学生、亲友的动态，及时发出自己的看法。她的博文短小、生动，敏锐、率性，仍旧执着地坚守着她几十年如一日的那份真诚，那份正直，那份信念。

两本传记都生动、好读。希望我们的同龄人读读他们的传记，找到过去的记忆与温暖；希望我们的后辈，不论是50、60、70后，还是80、90、00后，读了这些你们不再可能见到或听到的人生故事，能增加见识、激起热情，去思索生活与事业的意义，去创造、发现属于你们自己一代人的美好的、有价值的人生。

谢飞

2014年10月于北京

自序

PREFACE

从没想过要给自己写一部传记。虽然已经77岁，坎坎坷坷，曲曲折折，有过幸福和欢乐，也有过不幸和悲伤，但是，总觉得并没有什么值得让人歌颂的功绩，更没有值得夸耀的优点，只是一个普普通通的电影教育工作者，一个很平凡的电影人。

然而能有机会出这本书，自然是高兴的事，于是，就努力地回忆自己一生的经历。虽然不算精彩，但也可以让关心我的家人、朋友和共事过的同仁们更多地了解我。

我1956年从家乡新疆来到北京考入北京电影学院，就再也没有离开过。1960年毕业后留校做教员，又参与了大量的影视创作，回忆起来还是很有意思的。我从一个对电影一无所知的青年到学会了演戏，后来又学会了做导演、做编剧，和李苒苒、刘诗兵、张建栋一起写了理论著作《电影表演艺术概论》，从事表演教学，培养了很多学生，现在可谓桃李满天下。这许多年过得非常充实。在电影学院还得到了最真诚的爱情，和李苒苒结婚，1970年又生下可爱的儿子马川。几十年中，我新疆的家人和朋友、一起毕业的同窗好友，还有教导我的恩师们，一直支持和关怀着我……总之，回忆起来我是幸福的，使我自己很感动。写出的这个传记，也盼着能给别人带来感动。

马精武

2014年11月于北京

马精武

目录

上编

回首凝眸处

第一章

故乡的旋律

粗犷、热情、真诚、奔放、自由，

或许今天在别人的眼中，

我也还是这个形象吧！我以这样的面貌走四方，

这是天山脚下的旋律，是故乡赋予我的天性。

一、慈　父

一个有故事的人，最初的故事大多属于故乡。故乡的山山水水，塑造了这世上的众生百态，若没有故乡的滋养，哪里来的你呢？我也不能免俗，故事自然也要从故乡说起，但是我又很难把我的故乡归于哪一个城镇，姑且这么说吧，我的故乡在美丽的新疆。

回忆儿时，首先想到的当然是生养我的慈父严母。大家听惯的词可能是“严父慈母”，可是在我的家庭里，父亲是慈祥和蔼的，母亲反而是严厉苛责的。这是很幸运的事情，既有“家慈”，也有“家严”，我不会长成胆大妄为的“败儿”；同时，若以挨打的力度来选择，恐怕多数人都会希望如我一样拥有的是严母而不是严父。

我的父亲马文章，故乡在辽宁，毕业于奉天（沈阳）小河沿英国天主教会医学院，之后便参加了东北抗日义勇军，做了名军医。义勇军这三个字，不光是新中国国歌的名字，更是真真切切的数十万抗日英烈。它成立于“中华民族最危险的时刻”，当蒋介石实行不抵抗政策时，是义勇军在广阔的东北大地上与日军浴

父亲马文章

血奋战。到了1933年，日军对义勇军不断疯狂围剿，最北部的一支义勇军被逼到黑龙江的中苏边境，进退维谷。经过中苏两国政府的斡旋，这四万人泣别了白山黑水，进入寒冷的西伯利亚，借以摆脱日军的围剿，最后进入祖国的新疆。我的父亲就在这支迁移的队伍里。

西伯利亚的寒冷世人皆知，在缺吃少穿的情况下，一路上，冻饿死了一万多人，其中绝大多数是伤员，家属。看着自己的病人不断死去，可能是为医者心中最大的悲哀。九死一生地进入新疆后，这支衣衫褴褛的义勇军残部面临着被“新疆王”盛世才收编的命运。经历了多年的战乱，目睹了太多的生死，父亲已经深深厌恶政治和战争，既然义勇军已经名存实亡，那么这身军装他也不愿再穿了。于是他坚决地请退，在迪化，也就是乌鲁木齐，住了下来，褪去了一身的硝烟味道，做回了一个普通的医生。

父亲医术高明，外科手术做得尤其漂亮。他与朋友谢子光一起开了文光医院，这在缺医少药的迪化城里是轰动一时的新闻。父亲的人生也由此逐渐步入正轨，在迪化娶了我的母亲，生下了我姐姐，1937年农历十一月十六，我也来到了这个世界。听母亲说，我出生的那天，外面下了好大的雪，扑簌簌的落雪声响了一夜，天地间一片白茫茫。41岁方得长子，父亲抱着我，满脸欣喜。看着窗外冰雕玉砌的世界，他给我起了个小名，叫“玉纯”，希望我像玉一样纯洁。寓意很美好，寄托了父亲的殷殷期望，可我总觉得，我的一生可能都受这小名的影响，因为“玉纯”，谐音是“愚蠢”，似乎预示着我这辈子总是干傻事。

在我的记忆里，父亲在外面是受人尊敬的医生，回到家就永远是笑呵呵的，极温柔的样子，也许也是因为这个原因，他的朋友极多，交游广泛。他经常跟一群子女围坐，“钱这个东西，不要看太重，那是越花越有的”，然后就说讲开来，若高兴了喝点小酒，那说着说着就该唱了，永远是那句“秦二爷骑着一匹黄骠马”，看我们笑，“笑什么，不就是有点跑调么？”虽然手里拿的是冰冷的手术刀，但他热爱生活，热爱一切美好的事物，天天除了手术、看诊和与朋友聚会外，还饶有兴味地养了四百盆花，真不知道他哪里有这许多心力。他还极爱打猎，那种男人的阳刚帅气最适合俘获幼子的崇拜之心。“啊！这就是我的父亲，没有他不会的！”我经常骄傲地对小朋友们这样说。

看看这盲目崇拜都到什么地步了？天下哪有全能的人？至少我的父亲不会拉小提琴，但是当时我可不会跟别人说这个，现在说么，倒是个温暖欢乐的故事。

父亲喜欢音乐，花金条买了一把意大利的小提琴。第一次走进我们家的客人、朋友，都会注意到墙上挂着的这把漂亮至极的小提琴，然后就问啦，“马大夫，这个琴好看得很么！”父亲就会高兴地说：“可不，意大利的小提琴！”

“这么好的琴，光挂在墙上怎么行么，马大夫，你演奏一下么！”

“咳！我哪会拉小提琴啊，我们全家也没人会！所以就只能挂在墙上啦！看着它我心里就高兴！”话音落下接着必然就是一阵惊笑。

父亲不仅手术刀使得好，枪法也极厉害。由于我的长子“地位”，陪父亲打猎，大都是独属我的幸福时光。他个子不高，但是穿上骑装，立刻就英姿飒爽起来，等骑上大马，更是说不出的威武。冬天，我们来到郊外，看着那蓝蓝的天，呼吸着凛冽的空气，听着脚下踩着雪的咯吱声，走一阵子，前面逐渐现出一片湖泊，还未封冻的水面上，一群野鸭在悠闲地游着。父亲看见，就会挑眉一笑，带着我悄悄靠近。我紧张得手心里都是汗，父亲却悠然地抬起枪来，先对着天“砰”的一枪，就见那一群野鸭子被惊得飞起，等到鸭子飞近，父亲才瞄准一只，一枪打下来，那动作，帅气极了。我在一边拍着巴掌给父亲叫好，父亲爽朗地大笑，然后指着鸭子落下的地方，对我说：“玉纯，捡鸭子去！”

这一刻的父亲，神采飞扬，志得意满，颇有睥睨天下的气势，那神态、语气、笑容也伴随着那一声“捡鸭子去”永远地定格在了我的脑海。多年以后，在我的电影里，你还能找到它的痕迹。

二、严　母

我的姥爷是天津杨柳青人，来到新疆做生意，安了家，生了四女一子，二女儿徐贵珠就是我的母亲。一般排行第二的子女，都或多或少面临干活不少，宠爱不多的窘境，我的母亲也是如此，要帮姐姐干活，还得照顾弟弟妹妹。这样的生活练就了她操持家务的一身本领，能干至极，但同时，也让她变得脾气暴烈。

1933年，一个消息在迪化城里悄悄流传，西北军阀马仲英带着部队要打过来了。一时间人心浮动，局势紧张，很多大户人家都开始张罗儿女的婚事，怕战火来袭，自家女儿落入虎口。姥爷也一样，对于二姑娘的婚事上了心。此时听说城里来了一位马大夫，之前是义勇军的军医，现在自己开医院，人品、医术、经济条件都是一流，就动了心思，前去相看。得知未来老丈人要来考察，父亲着实下了一番功夫，自觉个子不高，就骑上马，这下光见英武不见个头了；又怕对方嫌自己年岁大，便仗着年轻姿容，将38岁的真实年龄瞒下，只说自己年方28。就这样，1934年，母亲嫁了过来。虽然父亲要了点花招，但他们一直恩爱到老，生下我们兄弟姐妹七人，父亲爱玩又好交朋友，家里全靠母亲一人操持，母亲也鲜少怨言，家庭和睦。

很多人以为迪化地处关外，一定是贫穷又落后的，其实不然。迪化是新疆首府，物质生活水平不低，文娱生活也很进步、丰富，我甚至从小就会唱国际歌。只要经济条件允许，电影、戏剧什么的都能看到。我的母亲就极爱看电影，还爱听京剧、秦腔，我稍微大一点，她就抱着我一起去看。我与周璇、胡蝶等大明星的“人生第一次会面”，便是坐在母亲的膝头懵懂间完成的。

既然是“严母”，就免不了要说说我挨打的窘事。我的童年与少年岁月中，挨打不少，但父亲仅仅打过我两次，一次是我用刀把他伤了，一次是我毁了他的欧米伽手表，都是闹出圈儿的大错误。其余都是母亲打的，挨打的原因，丰富多彩。

全家福 右一：马精武 1953 年

从小，我的生活就被妈妈、姐姐、姨妈、舅妈等一众女性照顾得无微不至，以至于我的学习极好，生活能力极差。母亲做饭，喊一嗓子："玉纯，去拿两块劈柴来！"我就真的会只拿两块劈柴给母亲，挨了揍，我还委屈，明明是你叫我拿两块来的么！

每年夏天，我想去河里游泳都得偷偷去，因为我曾在水里两次遇险，吓坏了父母。但是，知子莫若母，再聪明的孩子也躲不过母亲的目光如炬，回到家，她就拉过我的胳膊，用指甲划一道，有白色痕迹的话，那就指定是下水了。"你又去洗澡了？”我只好点头承认，这又是一顿揍。

还有一些时候，我只能怨自己运气太差。我喜欢看电影，上课的时候看不了，就想逃学出去看。也奇怪了，每次我动了这个念头，偷偷到了电影院，一准能碰见同样来看电影的母亲，后面就不用多说了，大概这就是和母亲有共同爱好的负面影响。

母亲打我的次数虽然多，但我惯于用良好的认错态度来避免更多的打击，所谓识时务者为俊杰。等到我把亲人们都扔在了故乡，独自一人到一个陌生的城市以后，回想起来，更多的是母亲打我时的眼神，恨铁不成钢的、担心的、心疼的、无奈的……至于疼痛，早在打完我的那一刻就忘怀了。

三、足　迹

前面说，我很难把故乡归于哪一个城市，那是因为我的童年动荡。从出生开始，我的足迹绕了一圈，从迪化到阿尔泰，再到伊犁、兰州，最后在13岁时又回到了迪化。举家迁徙，是让人疲累且忧伤的事情，若不是被迫，我宁愿我的故乡只是迪化这一个地方。

逼迫我们颠沛的，不是日本人，也不是国民党。当年父亲千里跋涉来到新疆，于他来说，接受这样的新生活或许是经过了内心深处的犹豫、挣扎，但也因为他的决定，我的童年虽然动荡，却没有见过日本人的残暴，也未遭遇过国民党的欺压。新疆地处关外，这么一片偏远而广阔的天地，外人难以介入，即使是国民党政府，也得变向放权，承认“新疆王”盛世才的军政大权，而“新疆王”就是我们频繁“搬家”的原因。

有一天晚上，在盛世才身边工作的三姨父忽然来到家里，压低了声音跟父亲说：“姐夫，您这天天宾客盈门，盛世才怀疑你结党密谋，正准备来抓你呢！”父亲大惊失色，“这是哪的事？真是欲加之罪何患无辞！这可怎么办？”三姨父出主意，“你赶紧带着我姐和孩子们跑吧！盛世才咱们惹不起！”“往哪跑？”“往北走，去阿尔泰！”情急之下也顾不得许多，父亲和母亲一起颤抖着手收拾行李细软，坐着车，一家子趁着夜色往阿尔泰仓惶而去。

我那时尚且年幼，不明白为什么要突然搬家，自然也不会有什么“思乡”的离愁别绪。阿尔泰是一个新奇的、美丽的世界，我很快就把在迪化的时光抛诸脑后了。

父亲在阿尔泰也开了家诊所，买了所新房子。我们的新家除了正常的起居陈设外，比在迪化时多了一个壁炉和小火墙。冬天我就喜欢在小火墙上睡觉，母亲经常在壁炉里烤土豆，我放学回家就寻宝一样从炉灰中把土豆挖出来，掰开，撒上盐，那是

拍摄影片《故乡的旋律》期间重返阿尔泰的白桦林 1984 年

我童年记忆里最美味的食物。

再看看阿尔泰的天地吧！四周都是崇山峻岭和成片成片的白桦林。春夏之交，漫山遍野的野草莓，甜极了，摘回去，吃不完的母亲就会拿砂糖腌制起来，做成罐头。盛夏时，山上流下的水清澈冰凉，我走到水里赶着鱼儿，姐姐拿着竹筐就能捞上来许多。到了秋天，山上的桦树变成一片金黄，与绿色的松树一起，黄绿相间，层层叠叠，桦树的皮成了我写字画画的好材料。冬季漫长，“千里冰封，万里雪飘”，出门要靠爬犁，经过处雪花飞溅，铃声叮当。一年四季，好玩的好看的层出不穷，对于一个几岁大的小子来说，这片金山银水简直就是天堂！

6岁那年，我有了自己的小马和狗拉爬犁，这是父亲送给我的上学礼物。盼来盼去，终于盼到开学，学校有专门的教员来家里接孩子，我们骑着马，排队走在教员的右边，迎着晨阳、披着霞光，伴着踢踏的马蹄声，往返于学校和家的路上。

冬天的上学路更有意思，狗拉爬犁成了主要的交通工具。每天早晨，母亲给我穿上皮袄皮裤皮靴子，再给我裹上个小棉被，父亲端来一杯白酒，“来，张嘴！”一口就灌进来，从嗓子辣到胃里。外面零下几十度，有这一杯酒，我坐在爬犁上就不会打哆嗦了。狗儿们都很聪明，不用指挥掌舵，自己就认得去学校的路。跑到半路，太阳就出来了，飞溅的雪花冰晶在阳光下闪着光。到了学校，场工把狗儿们从爬犁上卸下来，让它们跟别家的狗儿待在一处，于是就出现了我们在这边哇哇读书，狗儿们在那边汪汪叫唤的奇景。

我庆幸我曾在这片土地上生长，马背和爬犁上的上学路并不是太多人能享受到的，而伴着狗儿欢叫的读书声，亦不是随处可以听闻的。

只可惜，在阿尔泰的时光幸福却短暂，仅仅两年后，三姨父又托人带信来。我隐约感觉到，我们又要搬家了。果然，看了信后，父母就开始收拾行李。

这会儿，我才懵懂知道，有个叫盛世才的大官在后面追着我们家，被抓到的话我们全家可能就会有危险。现在我们的行踪暴露，所以还得走。这回我很舍不得这片天地和我的同学们，但是被追捕的恐惧胜过了一切。全家又上路了，这一次，目标是伊犁。

伊犁是北疆比较富庶的城市，到这里后，我这小脑袋里关于“逃亡”的各种幻想都没有出现。我们的新家完全是维吾尔族样式的房子，门前有水渠，屋后有果园，里面种着各种果树。父亲继续开诊所，生活条件也没有变化。学校也很好，老师们都比阿尔泰的有学问。谁能想到，在伊犁，我的老师居然是湖南人，他很有才学，但是我学着他说话，让我的发音也带上了湖南腔，一到念古诗词的时候，“遥看瀑布挂前窜（川）”，就会引来一片笑声。

在这里，我结交了很多维吾尔族的和俄罗斯的小伙伴，一起玩的花样有很多，比如玩“羊嘎拉哈”，就是扔三个羊的腿部关节的骨头，看谁能扔得立起来；打尜尜，把一根两头尖的木棍挑起来拍出去，看谁拍得远；在冰上抽陀螺，一玩就是一整个下午。最好玩的还是逮野鸭子。河的下游有水磨，就是拦河盖起一个木头房子，里面有个磨盘，以河水的冲击为动力，供大家磨米磨面用。到了冬天，河水封冻，水磨就不能使用了，但是木屋里还留着洒落的麦子粒，一到晚上，这里就能吸引大量的野鸭子。夜里，我和小伙伴们拿着麻袋，悄悄来到这里，冲进屋先用麻袋把窗户封住，然后就可以尽情地逮鸭子了，每次都能颇有收获，第二天家里的餐桌上便有加菜。

1945年，日本投降，消息传到伊犁，全家都沸腾了，父亲想起那些浴血奋战的义勇军战友，更是喜极而泣。伴随着这个好消息而来的，还有回家的希望。父亲以为，抗战胜利了，关内应该就和平了，那么他也可以不用担心战火的阻拦，回到他的故乡辽宁。姥爷的思乡之情来得更为强烈，落叶归根是每个中国人的念想。他和父亲一商量，决定两家一起走，回故乡。

又一次举家迁徙，队伍更加庞大。这次是要往关内去，一般的车是过不去的，父亲这几年行医攒下了不少积蓄，托关系使银圆，终于让我们这一队人马上了国民党军队的大卡车。

我们经河西走廊，过玉门，奔兰州。这一路，生活的黑暗残酷第一次在我眼前展开。有衣不遮体的小孩子头顶着竹筐沿途叫卖，更有衣衫褴褛的女孩子，哭泣、呆愣、绝望地被人贩子押着往兰州走去。我似乎从一个光明温暖的温室突然被扔了出来，外面一片漆黑，让人心冷害怕，只能尽力依偎在父母身边。

走走停停，夜里我们就在车旁边的空地上打开铺盖卷睡下，父亲给我们烤咸鱼，就着馕果腹。“长官”还经常过来说走不了了，因为我们家人口太多。这是明晃晃的敲诈勒索了，但全家已然在路上，不得不屈服，于是父亲的金条迅速进了“长官”的口袋。二十多天，晃悠的脑仁儿都快成了一碗粥，才从新疆走到兰州。可让父亲没想到的是，这次归家之旅到了兰州就再也寸步难进了。

止步的原因，还是战争。此时，已经是1946年年底，解放战争已经爆发，甘肃掌控在马家军手里，想穿越战火回到内地简直势比登天。父亲心有不甘，还想再观望、争取一下。他和姥爷一家租了一个院子，暂时在兰州住了下来。

兰州不比新疆，这里监管严格，父亲很难再开诊所，他只好花着以前的积蓄，维持着两家人的生活。小孩子的好处就是，家里是不是坐吃山空是不用我来操心的。我要应付的，只有学业而已。

我们租住的院子，位于兰州的聚福巷，出了巷口往南一拐便正对着城隍庙，我就在兰州城隍庙小学继续我的学业。每天和姐姐一起上下学，自己解决白天的饭食，早晨买一点油茶和洋芋饸饹，就是洋芋馅的大饺子，中午在城隍庙里随处可以寻见好吃的。这里的教学与新疆有很大不同，除了老师的水平更高以外，不论数学还是国文，都要用毛笔书写。老师要求很严格，经常抽不冷子过来抽我们手中的毛笔。如果握笔不紧，被老师抽走，那对不起，藤条子就打到脖子上了。严格的老师，加上能书善画的舅舅给我开小灶，让我在小学时就能写得一笔好字。

每天上学放学，我都会经过院门外的一栋二层小楼。楼上住着一个单身男人，名字已经记不清了，只记得我管他叫徐叔叔。他似乎对我有着特别的关注，看见我放学了，就把我叫到楼上来，用开水烫一个西红柿，剥了皮给我吃。他经常说：“这天下有钱人都霸道，穷苦人最善良。你父亲是个大夫，治病救人，行善积德，比很多有钱人好。以后你也要对穷苦人好。”我听得懵懂，他说得隐晦，现在想起来，倒颇有点“革命教育”的意味。

就这样，我每天不知愁滋味，学习保持在前三名，放了学就四处玩。兰州的犄角旮旯都让我逛遍了，完全不知道父亲的积蓄已经快要见底。屋漏偏逢连夜雨，我得了一场重病，肋膜积水。父亲将我送进医院，和医生一起研究治疗方案。这段日子我虽然躺在病床上饱受病痛折磨，但是收获很多。父亲、母亲、舅妈、姨妈轮流看护着我，以他们讲解我听的方式，我读完了《红楼梦》和《三国演义》。

最终，我的病好了，但身体太虚弱，甚至需要和一岁幼儿一样重新学习走路，而家里最后一点银钱也即将告尽。1949年，新中国成立前夕，父亲终于宣布，趁着还没有弹尽粮绝，我们要离开兰州，回新疆去。

四、旋　律

我曾偶然听到一首年轻人唱的流行歌曲，唱的什么我也听不清楚，但是有一句词让我印象深刻："回不去的名字叫家乡。"父亲回不去辽宁，我现在也很少回去新疆。虽然轮回着"应许他乡胜故乡"，但家乡人的话语、家乡人的歌舞，家乡人那火一样的热情，最终都化为心中抹不掉的旋律，融进我的骨血。

在阿尔泰，让我记忆深刻的是"老白党"的生活和哈萨克族同胞的质朴真诚。

所谓"老白党"，是沙皇时期的贵族，俄国十月革命后，这些贵族们有些逃了出来，进入新疆，分布在伊犁、塔城和阿尔泰，当地人就管他们叫"老白党"。"老白党"们也会生病，父亲是英国教会学院毕业的，深得他们的信任，我也经常跟着父亲出入他们的家。

和别的地方的俄罗斯人不同，"老白党"都是贵族，颇有"遗老遗少"的做派。父亲给他们看完病，他们总要招待我们吃饭的。我在这里学到了一点俄语，了解了俄式西餐的规矩，见识了他们的礼仪，那红菜汤、大列巴也很合我的胃口。

跟父亲去给"老白党"看病完全是图新鲜，我们更多的是给哈萨克族同胞看病，这也让我见识了这个民族的朴实和赤诚。

阿尔泰地区，哈萨克族人居多，山林里四处分散着他们的毡房。他们是能歌善舞的民族，所有人拿起弦子就能弹奏，唱起歌来必然是四声部。父亲到了阿尔泰，已经不局限于外科了，几乎什么病都治，甚至能帮难产的妇女做剖腹产，救了很多人，若看病人家里经济困难，父亲便分文不取。这在哈萨克族人的心里，是了不得的恩情，于是父亲经常被请到他们的毡房作客。我一直觉得他们很神奇，明明是游牧民族，没有念过什么书，但是在祝酒的时候都能出口成章，像念诗一样好听。

记忆最深刻的，是有一个哈萨克族老乡在过冰川时被砸断了腿，家里派了马拉爬犁来接我父亲出诊。这种出去“玩”的机会我向来不放过，跟着就上了爬犁。在山林里走了好久，才看见毡房，我们刚进去，等在门口的人们就宰了一头羊。等父亲给伤者接好了腿，包扎上，羊肉就做好了。那么冷的天，我们哈着白气喝着滚烫的羊肉汤，一直暖到心里。难得的是，我们与病人的交往并没有因为看病过程的结束而终结。此后，一直到我们离开阿尔泰，每年的库班节和肉孜节，就会有一个憨厚沉默的哈萨克族小伙骑着马给我家送来四头绵羊，他只会憨憨地笑，一句话也不说，蹲在那里喝碗奶茶就走。这个小伙就是那个伤者的儿子。

同样善良、真诚的，还有维吾尔族人民。我曾经两次落水，第一次是掉进冰窟窿，被一个混血小男孩抓住脚脖子救了上来，第二次则是掉进了河里，水流湍急，我只能顺流而下，眼看就要到水磨，性命不保，一个维吾尔族的大叔看见了我，跳到河里将我救了上来。

父母闻知这件事，对那位维吾尔族的大叔感激万分，父亲更是带着我上门去感谢他的救命之恩。当父亲拿出银圆时，他拒绝了。他说：“按照我们伊斯兰的教义，我救了你的娃娃一个人么，就相当于救了一万个人，是应该的，不用钱！”

在广袤的北疆，那个受伤的哈萨克族老乡一家教会了我点滴之恩当涌泉相报，这位维吾尔族大叔则告诉了我什么是施恩不望报。

故乡的旋律，除了人性在心灵中的回响外，自然还有家乡的艺术。在新疆，会走路就会跳舞，会说话就会唱歌。

不论是在阿尔泰还是在伊犁，大清真寺都是我最爱去的地方。一到节日或喜庆的时候，清真寺上就会响起鼓声、唢呐声，全城的人便向清真寺聚拢，然后和着音乐，在广场上跳起欢乐的舞蹈，唱起动听的歌谣，那种热情四溢、俏皮灵动的舞姿进了我的眼睛就再也出不来了。我们全家也都加入这个歌舞的队伍，此刻人们脸上的笑容有着最强的感染力，父母心中的烦恼都能忘掉，而我们这群孩子，就是纯粹地享受这歌舞带给我们的快乐。

清真寺下是我的舞蹈大学堂，我随着本心，跟最朴实最地道的老师们一起唱着跳着。至于这时学会的舞蹈在将来会为我打开一扇通往艺术殿堂的大门，是我怎么也想不到的。

在我的人生中，兰州只是一个驻足的城市，但我毕竟在这里度过了多年的童年时光，在这里受到的艺术感染也是让我获益终身的，且把它也纳入故乡的旋律吧。

兰州已经在甘肃省，比新疆离中原近得多，与新疆是截然不同的一派民俗风景。我在兰州每天除了上学就是四处玩耍，最盼望的，就是逢年过节时的社火。

兰州有很多社火队，有打太平鼓的、舞龙的、耍狮的、踩高跷的等等。社火队都是晚上出来，这个时候母亲也拘不住了，我们一头扎在孩子堆里，跟在后面看。他们来到一个大商号门前，就开始表演。最震撼的是太平鼓，一个个身体健壮的农家小伙，赤裸着上身，用粗麻绳将一个硕大的鼓挂在身上，麻绳也是鼓槌，阳刚威武，鼓声隆隆。在他们表演的同时，旁边还支着口铁锅，里面都是烧红了的铁屑，有专人将这些铁屑高高扬起来，点点火光，如烟花般绚烂，最后落在那些表演者的皮肉上，灼烫的疼痛似乎更能激发那些汉子的血性，动作更加有力，呼喝更加震耳，甚至那硕大的鼓都能随着动作围绕身体翻飞。这真是男子汉的表演，看得我血脉贲张。我甚至在心里发着愿，以后我也要这样表演，多威武！多男人！商号把赏银挂在房檐上，社火队演完，他们就如狮子采青般，叠着罗汉架着人梯爬上去，取了赏银，引来众人叫好，下来给老板磕个头，再赶赴下一家。我们这群小孩也哄闹着追过去，这一追往往就是一整夜，毫无困顿，只看着这街上人山人海，锣鼓齐鸣，笑语喧天，这是属于兰州的盛景。

第二章

青春不会等待

"青春不会等待"，
这是苒苒后来给学生们排演的一台话剧
和一部电视剧的名字，
寄托了我们对学生的期望，
同时，这也是我们自己的人生感悟。
不管将来面临的是坦途还是险路，
青春都不会等待，年华都不可虚度！

一、“表演”的开始

从兰州往回走，也不是简单的事情，我们仍然需要跟着国民党的军车走。幸好父亲还留了最后的一点银钱，勉强应付一路的各种问题。回去的队伍中，还多了一个人，他就是后来新疆大学的校长文乃然先生。当时他是共产党的地下工作者，在兰州面临暴露的危险，听说父亲要举家回迁，就过来对父亲表示希望能隐蔽身份跟着我们回新疆。父亲掩护了他，让文先生以我们家亲人的身份，混在队伍中上了卡车。

就这样，兜兜转转，在我13岁的时候，又回到了我生命的起点，乌鲁木齐。当年那个剧院里懵懂的小子，已经要上中学了。

1950年，新疆解放前，乌鲁木齐已经混乱不堪，抢劫的四处皆是，民众甚至抓了警察局局长，将他绑在马车上活活拖死。物价飞涨，高得吓人，我和姐姐抬了一面口袋的金圆券进了粮食店，只能换得半口袋面。魑魅魍魉，百鬼夜行，这样的事态让我觉得恐惧非常，到年底，我们终于得知，解放军要进乌鲁木齐了。

之前，城里弥漫着各种反动宣传，什么解放军都是红头发绿眼睛之类，我们都不相信，解放军又不是外国人！我们全校的同学一起从乌鲁木齐的北边步行到最南边的南梁，捧着甜瓜、葡萄，打着小旗，站在迎接解放军的队伍里。等见到了解放军，心里都说一句“果然”，明明都是和善的面孔，哪里有那些反动宣传里的模样？捧着瓜果上前，解放军都不要，说不拿群众一针一线，结果这些瓜果最后都满足了自己的肚子。吃着甜瓜，我寻思着，这回应该不用再搬家了吧，“新疆王”也没了，国家也和平了，还有什么能威胁到我们的日子呢?

解放军一进城，之前那混乱得让我害怕的局面极快地安稳平静下来，所有人的生活好像都回归了正轨，除了我们家。父亲被审查了。

审查是什么？为什么被审查？母亲也说不出所以然来，我就更是云里雾里了。

后来发现，大抵审查是个很耗时间和功夫的事情，所以过了最初的慌乱后，家里一切又按部就班起来，除了父亲不能做任何工作，我被托付给了舅舅以外。

我上了初中，开始住校，周六就回舅舅家，姐姐给我把一周的衣服洗干净，舅舅教我书法和绘画。这样的日子让我非常开心，因为舅舅脾气温和，话语不多，绝不会为了两块劈柴的小事揍我。

姥爷早年做生意，家资丰厚，舅舅是他唯一的儿子，宠爱自不会少，所以舅舅的母校有个很响亮的名字：黄埔军校。可是舅舅喜欢书画，颇有造诣，还喜欢文学艺术，看过人家拍电影，自己演过话剧。这样的舅舅估计也不好在军队里混个好职位，于是他就成了极得我欢心的长辈兼家庭教师。

夏天，大日头下，一方青砖放在桌上，我拿着毛笔蘸上水，在青砖上写下一个“天”字，等再蘸上水，那个“天”已然半干，再写下“行”，如此反复，写完“天行健君子以自强不息”这句以后，我浑身都汗透了。绘画，我喜欢气象壮阔的写意，他却偏偏让我学细腻逼真的工笔，一片鸟儿的翎羽就需要细细勾画一天。这就是舅舅为了让我能略改改急躁的性子而想出的教育方法。他平常话语不多，但给我说电影片场故事的时候，怎么拍的怎么演的说得绘声绘色，让我从喜欢看电影变为憧憬拍电影。如果说，我现在还算会书法绘画，在电影表演方面还有点成就的话，那么这些都与舅舅的影响分不开，甚至剪纸、捏泥人，也都是舅舅赋予我的艺术能力。

进入初中，我的课业学习状况跟以前也没什么不同，虽然我总是转学，但学习仍然能保持在前三名。变化都发生在学习之余，除了住校开始集体生活外，我还因为认识了两个人，而真正开始了“文艺生活”。

第一个人，叫张世杰，后来曾是八一电影制片厂的制片主任。他是一个“小解放军”，我们去南梁迎接解放军进城的时候，他就穿着军装走在队伍里，后来和我一个中学，比我年长几岁，跟我一样是个坐不住的人。解放军进入乌鲁木齐后，各种宣传的活动多极了，主要是向不了解共产党的市民宣传社会主义制度和思想、解放军的政策等内容。这种形势下，各学校也都积极配合，张世杰就是我们学校的活跃分子。他组织起了一支学校的宣传队伍，物色各种有才艺特长的同学加入。我因为会跳很多民族的舞蹈，平常又爱闹不爱静，也被他选上了。

这以后，我就算是真的踏上舞台了，但凡有可以宣传的场合，我们都会演。张世杰的姐姐是京剧演员，靠着这个便利条件，我们可以去戏院。在正戏开始前，我们先给演个歌舞小剧热热场子，宣传一下减租减息，或者直接去乡村，搭个简易的台子，上去唱一段宣传婚姻自由。他还组织男校女校的同学们合演话剧，演出成绩怎么样先不说，倒是促成了好几对儿小恋人。后来抗美援朝，我们就演出活报剧，我还记得他演了一个杜鲁门，我演了一个蒋介石。就这样，我成了文艺积极分子。

同样，因为会跳维吾尔族的舞蹈，另一个同学找到了我，他就是刘澍民，后来的大音乐家、新疆军区文工团的编舞和作曲。那会儿他还是我的中学同学，维吾尔族舞蹈跳得好极了，不过他一个大小伙子却喜欢扮演维吾尔族小姑娘的角色，跳得比女人还柔软还好看，这也是一绝。他想找个舞伴，看来看去，看上我了，不住地过来跟我说："精武，来一个么，来一个么！"连小姑娘的做派都带出来了。盛情难却啊，再说，遇高人怎可交臂失之？于是，我们这对儿略显怪异的搭档组合就成立了。最"辉煌"的时刻出现在1955年新疆维吾尔自治区正式成立的庆祝会上。解放剧场里，自治区的领导都在台下看着，他化装成小姑娘，我们两个汉族的小伙子跳了一段地地道道的维吾尔族双人舞，下面越鼓掌，我们跳得越起劲，最后还让我们得了奖，这谁能想得到呢？

这次重返乌鲁木齐，我待了六年，这是我"表演"的开始，也是我与父母长久分离的开始。

父亲经过了三年的审查，最后什么也没有查出来。三年没有收入，家里已经一贫如洗。此时，我已经有了一个姐姐、一个妹妹和两个弟弟，这一大家子人眼看着没法养活。同院有一个铁匠手艺人，叫李明德，看我们家实在艰难，就对父亲说："我在玛纳斯有地，你们一家跟我回玛纳斯吧，我出钱给你租门面开诊所，你们就有了活路了。"真是远亲不如近邻，父亲感动极了，没有想到在这样艰难的情形下，还有人能无私地帮助我们。可其他人可以去玛纳斯，我和姐姐却不能走，因为我要在乌鲁木齐上高中，而姐姐也要上医专，只在寒暑假时才能回到玛纳斯一家团圆。

二、漫漫征途

1956年，高中毕业，我正打算报考西安美术学院，这时《人民日报》上刊登了一个豆腐块大小的招生启事，北京电影学院招收本科生。同学们就劝我去试试，在他们眼里，我已经是个经常上台表演的“老演员”了，报考电影学院刚刚好。我本就极爱电影，听了大家的话，也心动了。

回到玛纳斯的家中，没想到父亲也极力支持我去考电影学院，我这才下定决心试一试。准考证寄到了，考试地点那栏盖的戳是“上海”俩字。我活到这么大，去的最远的地方就是兰州，在我印象里，上海，那是遥不可及的地方。等到真的要出发了，看着那包行李，心里空空的没个着落。从来我就是被照顾被保护的对象，即使在远离父母的日子里，也有姐姐和舅舅、舅妈的悉心照料，连衣服都没自己洗过。第一次自己出门就要去那么远的地方，到底能不能顺利抵达上海？我对这个问题一点把握也没有。

箭在弦上不得不发，母亲抓着我的手，叮嘱着路上有哪些注意事项，我早就背下了，却敌不过她每次都能想到新的内容，我只能一遍一遍地听，一遍一遍地记。毫无“实践经验”的我，在听到这许多“理论知识”后，愈发的惶恐。可我不能表现出来，我得使劲地挺直腰杆，尽力做出一副“我是大人了”的模样来，因为我的父亲站在旁边，没说什么话，只是用那饱含希望、鼓励和担忧的目光看着我。卡车来了，我爬进车斗，转身接过父亲递给我的行李，他忽然大力地攥住我的手，晃了晃，最后说了句：“没钱了就拍电报回来！”我赶紧点点头，走了进去。

一坐下我就原形毕露，摸着自己的胸口，那是我现在唯有的一点安全感，来自贴身衣兜里父亲和舅舅给的80元钱。估计是我的眼神过于无助和茫然，这实在和我的身高性别不匹配，车上其他乘客都会多看我一眼。一会儿，我感觉身边坐下了一个人。

“小伙子，这是要去哪啊？”我抬头一看，是一个面色和善的山东大叔。

“我要去上海考北京电影学院。”

“嚯！一个赶考的秀才啊！不过你考北京电影学院为什么去上海？”

“我也不知道，准考证上写着上海，我自然要去上海的。”

“第一次出远门？”

我没说话，点点头。自此，这个大叔就一路照顾我，甚至到了郑州还送我去转车。我也因为有了一个长辈的照顾，这心里才踏实下来，逐渐适应了一个人的漫漫征程。这萍水相逢间获得的真诚帮助，让我感恩至今。

这是我人生中有最多“第一次”的旅途，一路上笑话百出。在卡车上晃悠了12天，我们才来到了玉门西，在那里我第一次看见火车。真不负“玉纯”的名字，我就和个傻小子一样追着火车跑啊喊啊，所有人都笑着看我。火车司机还故意撒了个气儿，巨大的“嗤啦”一声响，吓得我摔了个跟头。从玉门坐火车到兰州，转车去西安，再转车到郑州，从郑州来到南京，我第一次见轮船，还乘了轮船摆渡，才知道火车这么大的家伙也能一节一节地坐船过江啊！等到终于来到上海，我累得晕头转向，但也被这个新鲜的世界弄花了眼。路边有卖香蕉的，我以前只在电影里见过香蕉，就觉得那应该是脆的，结果买来一咬，软的，这肯定不是好香蕉，闹着要卖水果的退钱。吃不惯米饭，想吃面，来到一个面馆，那一个个小木牌子上只有面的名字，我就挑了个名字最好听的，阳春面，端上来才发现，面上只有一点葱花，根本吃不饱……

笑话闹够了，悲剧就来了。我在上海一打听，“阿拉阿里有电影学院，依寻错地方了！”我捏着那张准考证，站在马路上，彻底傻眼了。

准考证上明明写着考试地点是上海，怎么会没有呢？摸摸兜，钱也快没了。我脑子里一片空白，只剩下电影学院四个字，电影学院，电影学院，哪里能管我这个事情？突然，“电影局”这三个字蹦了出来。这个机构我是听说过的，既然都跟电影有

踏上征途前在家乡留影

关，那应该也能帮我吧？

顾不得许多了，问清了路，我赶到上海市电影局。还得说是那个朴实真诚的年代，门卫看到一个身形瘦高，满脸青涩，背着行李，风尘仆仆的小子，没有给挡出门去，反而特认真地汇报上级。没想到，一位女局长亲自接待了我。她一听说我大老远从新疆来到上海考试，立刻就帮我把长途电话打到了北京电影学院，仔细询问才知道，我的准考证上时间地点盖错章了，时间是北京考区的考试时间，地点却是上海。他们要再过半个月，才能来上海招生。

在上海等半个月，哪里是容易的事情，不说别的，光住旅馆就得一块钱一天，我现在钱包又瘪得厉害。那位局长也想到了我的困难，让我去电影局的职工宿舍住下，安心等待考试。

这就是傻人有傻福吧！

等待考试的日子里，我见识了上海那炎热的夏天，晚上也热得根本睡不着；知道了香蕉其实越软越好；学会了点咖喱牛肉面来吃，这比阳春面管饱。

到报名时，我认识了两个同考的朋友，

一个叫谈鹏飞，后来是上海电影制片厂的演员，另一个叫李康尔，就是我未来的同班同学了。他们经常来电影局宿舍找我，讨论怎么应对表演考试的问题。

“马精武，你知道斯坦尼么？”

我茫然地摇摇头。

“啊？你连斯坦尼都不知道就敢来考电影学院？”

“马精武，你会朗诵么？”

我背了一首诗。

“这不是朗诵，这是背书，朗诵要有表情，应该这样，啊……”

我跟着他们学了不少新鲜东西，当然我也经常跳个舞唱个歌来回报他们。就这么笑闹着，考试终于开始了。

我和谈鹏飞分到了一组，考官里有一个苏联专家，叫伊万诺夫。

我想，在伊万诺夫先生的印象里，我一定是个呆愣的考生。托上海天气的福，我好几天没有睡着觉了，浑身的痱子，精神、身体都十分疲倦。听见叫“马精武”，我就上前去，让我跳舞我就跳，让我唱歌我就唱。后来，苏联专家给我出了一个小品题，旁边一个胖胖的翻译跟我说：“你大老远从新疆来到这里，身上没有钱了。”我下意识地打断他，“不，我身上还有钱呢！”翻译解释：“不，假装你没钱了，肚子很饿，看见路边卖烧鸡的铺子，就想偷一只烧鸡来吃。”我一听急了，“我从来不偷东西！”翻译都无奈了，“这是表演，让你演一下偷烧鸡吃，假装的。”“假装的也不行，坚决不演！”这时谈鹏飞上来悄悄凑到我跟前，“这是在考表演，不演肯定考不上！”听说肯定考不上，我想着这一路怪不容易的，真要考不上也心有不甘，这才走回场上，别别扭扭地演起来，怎么演的我现在已经完全没印象了。

考完了，那就走呗，心里琢磨着，回去再考哪个大学比较好，这电影学院估计是没戏了。不曾想，走出去没多远，那个胖胖的翻译追了出来，喊住我，悄声说：“小马，你考过了，复试一定要来啊！我看八九不离十，你可千万别走！”

现在想来，伊万诺夫真是好老师，他没有因为我稚嫩、不良的临场发挥而忽视了一个考生的潜力，而那个翻译，估计是从没见过我这样死心眼的傻学生，真的怕我不等发榜就一走了之。

三、枯燥的表演课

招生考试结束后，北京电影学院将考上的学生组成了一个北上团，统一买票坐火车回北京等待开学，我也在名单里。从1956年进入演员系学习到现在，我把19岁以后的人生都交给了北京电影学院。

现在新生入校，第一堂课一般都是校史介绍，我似乎应该隆重介绍一下北京电影学院，虽然她现在是全国最热门的艺术院校，但了解她的过去的人可能并不多。

北京电影学院的前身，是中央文化部电影局表演艺术研究所（简称表演艺术研究所），创办于1950年6月。这是经文化部、中宣部和周恩来总理同意，在陈波儿的领导下，谢铁骊、巴鸿、王赓尧等人共同筹划创建的，坐落在西四的石老娘胡同。1951年5月，表演艺术研究所改名为中央文化部电影局电影学校（简称电影学校），调任白大方为校长。教师多是来自解放区、部队和国民党统治区从事革命文艺工作多年的艺术家，师资力量雄厚。任课教师有：王逸、严恭、谢铁骊、陈怀皑、巴鸿、李露玲、肖龙、石联星、唐远之、耿西、许之乔、王震之、吴天、林艺等。1953年3月，中央文化部电影局电影学校改名为北京电影学校，校长白大方，副校长卢梦。此时，周总理提出是不是可以向苏联学习，创办正规的电影学院，开展电影艺术的高等教育。经批准后，由著名的左翼电影演员章泯带队赴苏联，重点考察了莫斯科国立电影学院，带回来办学经验的同时，还延请了苏联电影教育专家来到学校任教，培养后备师资力量。1955年11月，由苏联专家B. 伊万诺夫、B. 卡赞斯基、A. 西蒙诺夫、B. 安东年柯主持授课，举办了导演、演员、摄影、制片四个专修班，学员都是来自各电影制片厂具有相当实践经验的在职干部，学制二年。陈强、于洋等一批明星演员以及谢添、林农、孙羽等这样的大导演都重新入进修班回炉深造。

1956年6月1日，国务院批准北京电影学校改制为北京电影学院，我所在的56班，就是北京电影学院改制后正式招收的第一届本科班，校址已经搬到了小西天。

和很多刚入校的同学一样，我在开学前，也憧憬着上表演课时会是什么情形，应该很有意思吧！结果开学了，正式上课了，才知道“过别人的生活”这种快乐幸福的日子是以后的事情，现在，等待我的只有数量众多、枯燥乏味的练习。

我们的老师，除了有欧阳儒秋、唐远之、布加里、肖龙、张昕等人外，还有苏联表演专家卡赞斯基。卡赞斯基是斯坦尼斯拉夫斯基的亲传弟子，同时也是莫斯科讽刺剧院的大演员，他教我们，也严格按照斯坦尼的表演理论和训练方法。为了能让我们在舞台上克服“当众的孤独”和表演的心理障碍，做到注意力集中和真听、真看、真感觉，他给我们安排了没完没了的记忆、判断等各种练习。两个同学面对面坐着，互相观察，不动也不说话，把对方从长相到衣着的所有细节都记在脑子里，然后背过身去，轮流描述。

到了做小品时，以为可以有趣一些了，结果还是一样的让人烦躁。老师要求我们每人想一个小品，要有情节，还得看起来有意思。想做到看起来有意思，我们这些创作的学生就得经过痛苦的思考和练习。每个人都挖空心思，甚至有同学想出了在废旧灯泡上敲出个窟窿养金鱼的表演，每天都拿个小錾子在那练习敲灯泡，敲不好就碎了。我实在想不出来，就去邮局了，看见人家工作人员按照地址区域分信，那手快得看不清，这个很有意思啊，干脆演这个得了。回学校四处收敛人家不要的信封，然后对着木头格子练习，分得对不对可以不用管，但自己的手法至少看起来也得是那么快。天天练习，就为了上课时能通过，可现实是，每一个小品，基本都要好多次才能通过，有些更是中途被老师一句“没意思”就判了“夭折”，还得重新想去。

天天都是这样的学习，对我来说太难熬了，我一个刚从新疆来的孩子，恨不能走路都蹦着呢，哪里有那么好的耐心？老师们看出了我脑子快，但性子急，还故意给我加任务，别人做一个，我得做两个，老也通不过。这种“特殊关照”让我苦不堪言，原以为自己的成绩一定垫底，可没想到，期末成绩出来我是最高的，这才明白这是老师对我的因材施教。

苦则苦矣，这样的过程却是必需的。在学习表演的初期，正是打基础的时候，通过这样的练习，才能让学生们逐渐放松肌肉，知道表演是什么，以后可以沿着正确的道路走下去。我很高兴自己能咬牙坚持了下来，在未来的日子里，我经常感激这段枯燥的表演课，也越来越认识到这段时间的重要，于是，这样的练习，也出现在我的讲堂上。

四、幸运的小龙套

大学二年级的时候，我们终于迎来了一次极有意思的实践学习。苏联专家给进修班的哥哥姐姐们排了两出大戏，一出是俄罗斯戏剧《仇敌》，一出是莎士比亚的《第十二夜》，我们这些小孩子们在剧中跑龙套。这是要进青年艺术剧院剧场公演的，我们也能跟着走上真正的话剧舞台。陈强、于洋、张莹、杨静等等都是著名演员，能和他们同台演出，是多么幸运的事啊。

那段日子，白天我们照常上课做练习，晚上就穿上行头拿着道具变成大臣，站在这些明星学长的身后，一站一整场。虽然每天下了台，腿都有点不会打弯了，也没有一句台词，但我们都很激动。

站在明星身后，他们脸上每一个细微的表情变化我们都能看清楚，台上每一个走位的背后深意我们都能觉察到，声音语调的任何起伏都能毫发毕现地传到我们心里。表演课上学到的肌肉放松、注意力集中、体验、真听、真看等等表演理论和技巧，现在正在眼前生动再现。这样的学习机会怎可放过？我虽然也曾上过舞台，演过话剧，但那都是中学生的小玩闹，这样大的舞台我还是第一次登上。原来舞台上会被灯光烤得如此炽热，原来强烈的灯光下演员是看不清楚观众席的，但随着精彩的表演，观众会给你鼓掌，会给你欢笑，又觉得台上台下的界限其实可以通过优秀的表演打破……虽然我们只是“旁观者”，但那种作为演员的喜悦第一次真切、强烈地充满了我们的身体，而疲累则可以完全忽略不计了。

参加这次演出的惊喜还远不止此。在《第十二夜》演出正盛的一天，演出完毕，我们正准备去卸妆，后台忽然一阵喧闹，所有演员都激动起来，竟然是周总理来后台了。我们围拢过去，我的心都快跳出来了。作为一个新疆来的小孩，能这么近距离地见到真实的周总理，这种心情是无法用语言来形容的！台上没有地方坐，周总理直接盘腿坐在了地毯上，然后招呼大家，“都坐下，都坐下么！”我们哈哈笑着，主演的哥哥姐姐们挨着总理盘腿坐下，我们就在稍远的地方站着，听总理跟他们讲话，总理时不时地爽朗大笑，忽然往远处望时注意到了我，然后冲我招手让我过去。我脑子都懵了，耳朵里自己扑通扑通的心跳声像擂鼓一样，走过去，周总理问：“小同学你也是电影学院的学生吧？”我结结巴巴地回答：“总理好！我是演员系56班的。”

“哦！大学生啊，很好么！叫什么名字？家是哪里的啊？”

“我，我叫马精武，家是新疆的！”

“嚯！这么远的地方考到电影学院来学习，很不错啊！”

……

直到回到宿舍躺在床上，我还不敢相信周总理居然和我说话了，知道了我姓什么叫什么。一遍遍回忆当时的情景和总理的话音，激动得一夜未眠，这是我最幸运的一天。

五、《风从东方来》

试　镜

读过现代史的人，都知道在新中国成立的最初十余年里，中国和苏联老大哥的关系，曾经是亲密无间且和平友好的，大批支援中国经济科技建设的苏联专家在中国这片土地上奉献自己的才能和年华。而我，更是有幸以演员的身份，亲身感受了中苏两国人民那亲厚的感情。

在《第十二夜》公演结束后，我的生活回到了正轨。一天在校园内正走着，一位老师老远叫住了我。

“这位同学，哪个班的？”

“老师好，我是演员系56班的。”

他又上下仔细打量了我，“叫什么名字？”

“马精武。”

“好，一会到导演系办公室来一趟，找我，我叫干学伟。”

我稀里糊涂地来到导演系办公室，干学伟老师又问我身高多少，体重多少，问完了也没说有什么事情，只顾打量我，我又稀里糊涂地离开。

一直到1957年年底，这个谜团才算解开，因为我接到了长春电影制片厂的试镜通知，中苏合拍的第一部故事片《风从东方来》，需要一个演员饰演青年时的王德民，而中方的导演，就是那位叫我去办公室的干学伟老师。至于选我试镜的原因，是因为这部片子的男主角，也就是饰演中年王德民的，是著名演员田方，我的外形，和田方很像。

那个时候，在校学生能有机会拍电影，还是这样一部大电影，这真的是很罕见的事情。我带着同学们的祝福踏上去长春的火车，说不上是紧张还是兴奋，整整一夜，没有合眼。

等到了长影才知道，为青年王德民试镜的有好多演员，其中有些都已经颇有名望。在这样激烈的竞争环境中，我一个刚大学二年级的学生，相形见绌，自己估计这次是没戏了。不过我明白，即使不成功，这个试镜的经历对我来说都是财富，不成，就回学校呗，所以尽管心里极为紧张，倒也没有患得患失。

等待试镜的时候，一个人敲响了我宿舍的门，打开一看，是进修班的林农导演。他看见我第一眼就笑了起来，“嚯！还真是长得像啊！”原来他和田方、于学伟在延安时就是好朋友，听说这次来了一个北京电影学院的学生，长得和田方很像，也是这个脸型，也是这么瘦削，难得的是连身高也都是一米七八，他太好奇了，忍不住就过来看看我。

“小兄弟，好好试镜，我觉得你能成功！”

“不不不，有那么多大演员，我正紧张着呢。”

“咳！你紧张什么！有谁能比你像田方？听我的，放开了胆儿，只要别过火，准行！”

除了林农导演，长影厂的制片杨文浩在看见我后也经常来鼓励我，给我增添信心。有了他们的鼓励和支持，我的心安稳了些，初生牛犊不怕虎，我告诉自己，这里最不怕失败的就是我，没什么好紧张的。

心理准备做好了，我迎来了试镜的日子。天很冷，我要去长影门口试见列宁的那场戏。可到了门口，我傻了眼，因为那片场地上围满了人，对于中苏合拍的第一部电影，所有人都很重视，也很好奇，都想来看我试镜。第一次在这么多人眼巴巴瞅着的情况下演戏，对着这样的阵势，之前做的心理准备完全白瞎了，心里就剩下了紧张，背后、手上全是汗水，冷风一吹我都打哆嗦。

饰演列宁帮我配戏的，是胡伯胤。他是中俄混血，俄语很好，问我会说俄语么。

我说只会一点点。于是他就一遍一遍地教我用俄语说："您好！列宁同志！"等我记下了，他还安慰我："别怕，好好演！"试镜开始了，我看着他走到我跟前，赶紧一扶枪敬个礼，"您好！列宁同志！"浑身僵硬，微微哆嗦，话音也带着颤。

这个镜头就算试完了，林农导演跑过来，悄悄跟我说："就你演得好！"我哪里敢信，"我都紧张成这样了，怎么可能好？""紧张就对了！一个卫兵见领袖，当然紧张！紧张得好！不过下一个试镜你可千万别紧张了啊！"

第二个试镜，我还真的没紧张，因为是拍火车车厢内的戏，没有那些围观的人了，我也放松了，平平顺顺地表演完。

试镜结束，我一一谢过帮助我鼓励我的林农、杨文浩和胡伯胤等人，回到北京等通知。可是左等没有，右等没有，那就一定是没通过吧？心里失落了一阵，但总算对这个情况早有心理预期，所以也没有过多地为这个结果纠结。转过年来，到了1958年，那时候学校里要求学生参加各种劳动，我们是要和农民兄弟们一起进行春种夏收的。这年的夏天极热，我们几个男同学一商量，集体把头发剃光了，就为了麦收时能凉快点。结果这时，意想不到的事情发生了，长春那边通知我进组，试镜通过了。我拿着通知，几乎不敢相信，原以为没有可能的事情突然成功了，这种惊喜可想而知。可摸着光溜溜的头皮，我又发了愁，这个头型，不知道会有多大一顿骂等着我呢！

剧组的故事

《风从东方来》是我人生的第一部电影，也是中苏合拍的第一部电影。剧中两国人民共同努力，不怕牺牲，战胜了史无前例的洪水，最终保住了水电站，王德民和马特维耶夫的革命情谊也让人为之感动，以此赞颂中苏两国人民的伟大友谊。电影的主创阵容很强大。中方的主演田方老师，不仅是一位极优秀的演员，还曾是北京电影制片厂的厂长，拍这部片子的时候，正是中央文化部电影局的副局长，《英雄儿女》里的王政委就是他，现在有名的导演田壮壮就是他的孩子。中方总导演兼编剧是干学伟老师，他是延安鲁迅艺术学院戏剧系的第一期学员，曾在著名的话剧《带枪的人》中成功饰演列宁，此时，他是北京电影学院导演系的第一任主任教师，著名的电影《小二黑结婚》，就是他的作品。其他的中方演员还有凌之浩、崔嵬等，都是如雷贯耳的名字。苏方的总导演是E. 吉甘，这是一个默片时代的导演，1937年起就在莫斯科国立电影学院任教，获得过列宁勋章等诸多荣誉，在苏联非常有名。感谢命运对我的优待，第一次拍电影就能加入这样强大的创作集体，这是多少年轻人可遇而不可求的机会啊！

我怀着激动又忐忑的心情，顶着一个光头来到长春，果然，干学伟老师一见我，眼睛都瞪圆了，怒气冲冲地向我吼："谁让你剃头的！这样怎么去演王德民？"

"我也不知道我试镜通过了呀！"我委屈地说，"我们参加夏收，这样不是能凉快点么。"还有一句话闷在肚子里没敢说，谁能想到过了快一年这个试镜通过的通知才会来呢？

"去，赶紧去求化妆老师想办法去，要是没办法，你就给我回北京！"

还好，化妆老师给我做了个假发头套，定妆算顺利过关。我这才知道，我的试镜样片，先要经过中方导演和领导的筛选，他们觉得不错，年轻有活力，硬朗阳刚，选出来，送到莫斯科，由苏方导演吉甘再次筛选，这才能定下来，怪不得要过这么久才能有消息。

我的戏都在莫斯科拍，要出国。出发前，系领导、院领导、文化部领导轮番找我谈话，叮嘱我这次出去是代表了国家形象，一定要遵守纪律，听从党支部的领导。谈话结束后，便是集训。所有出国的工作人员都集中起来，训练用餐、接人待物等各种礼仪。这时，党支部书记田方老师找我谈话。

对于田方老师，我一直是崇拜敬重的，他不仅是主演，还是党支部书记，除了开

拍摄电影《风从东方来》期间与工作人员合影　左一：田方　左三：马精武　1958 年

会，平常很少见他说话，很严肃的感觉。虽然这次是要跟他演同一个角色，应该互相了解认识，但我本来就与他不熟，再看他这样严肃，就一直不敢和他亲近。有一天散会，他忽然对我说："小马，晚饭后到我屋里来谈谈。"我很紧张，不知道要找我谈什么，只好硬着头皮去了。

一进门，他先招呼我坐下，然后便开始问我的个人情况，和查户口一样。我全都如实回答，他的目光太亮太犀利，我连瞒着众人的与李苒苒的恋爱关系都和盘托出了。接着，他又问我为什么剃光头，我解释了，他说："以后记住，试了镜，在没有得到确切答复前，不能随便动自己的头发。"我赶紧点头。说完这个，他的表情就放缓了，看见他微笑了，我才悄悄喘口气。他又跟我说了很多，归结起来，第一就是叮嘱我不许翘尾巴，回来不许看不起同学，因为拍戏耽误学业了，回去更要向同学们学习。第二就是剧组里我最年轻，平常不光要向别人学习，还要关心别人，多干点活，出去代表了国家形象，要遵守纪律，严格要求自己。我一一记下，感谢田方老师的真诚。作为一个在校学生，能得到他的这番教诲，很值得珍惜。

一切都准备好后，剧组登上国际列车，开赴莫斯科。

坐了十天十夜的火车，这一路，简直是对我性格的极大考验。好容易到了莫斯科，苏方的所有剧组成员都来到火车站接我们，每个人都要亲我们三下，那热情让人感动，那胡子也扎得人受不了。

我们第一期的戏都在冬天拍，那时候拍电影不像现在，拍得极慢极认真。我的第一场戏，就是森林小火车站的那一场，一个镜头拍了两天，冬天的莫斯科冰天雪地，冷极了，很多留苏的中国学生都来做群众演员，扮演死者，在雪地里躺了两天也不叫苦。吃饭也很简单，一人一个面包，一截肠子，一份牛奶，都是凉的。很多中方的人员吃不惯，我倒没事，这也得益于从小就出入“老白党”家的经历吧，这些饭食虽然不精致，但味道是习惯的。

电影《风从东方来》中劳工形象　1958 年

我在这场戏里是演被白匪抓住的劳工，一身东北贫苦农民的打扮，剧组给我找了一件破棉袄，因为太脏了，需要高温消毒，可是这种棉袄在高温消毒后就变得一点也不保暖。管我服装的是一个苏联女同志，个子很高，目测有一米八还多，看我冷得不行，导演一喊停，她就把我叫过去，张开大衣嘭的把我搂在怀里取暖，四周必然会传来起哄声或善意的笑声。我真是切身体会到了苏联人民对我们的友谊，只是这种表达形式实在让我消受不起。

在剧组里拍戏时艰苦了些，可离开剧组回到驻地，生活就极好了。那时候苏联实行“三名三高”，演员和导演每月的生活费是2300卢布，这是很大一笔钱，吃最好的买最好的也花不完。剧组还给田方老师和我一人配了一辆车，有专门的司机。我的那位司机看我小，天天撺掇我出去，他也好带着他的女朋友“假公济私”一下，我本来就爱玩，拍戏闲暇根本待不住，与他一拍即合。我坐着这辆车把莫斯科逛了个遍，为每个同学都准备了礼物。田方老师的那位司机很是羡慕我们，田方老师太严肃了，他可不敢去撺掇人家出去玩，只好每天守在旅馆。

在莫斯科乌克兰旅馆中　1958 年

我们住在乌克兰旅馆，在这里，我碰见了一位格鲁吉亚的女学生。她每天要到这个旅馆开电梯勤工俭学，起先我也没太在意，光顾着研究为什么这里没有13层也没有13号房间了。后来发现不对了，每次看见我进来，她都好像很高兴，盯着我看，有时会说两句俄语，我这才大概明白她的意思，这是对我有意思啊，这还是人生第一次“遭遇”，尴尬万分，我只好一直装作没听懂。有一天我和翻译王澍老师一起回来，又碰见她，我正躲闪她的目光呢，她干脆到我们那层不开门了。王澍老师小声对我说：“坏了，被盯上了，她可说她喜欢你！”我当时一定窘迫极了，因为王澍偷着笑都合不拢嘴，“北京还有个好姑娘等着你呢，问你呢，怎么办？”我只好红着脸，小声求王澍说：“你快告诉她呀！”王澍忍着笑对她说了几句，她听了，倒也没有表示什么，还是很高兴，放我们出去了。我问王澍都说了什么，他说：“我告诉她，你很好，但是他已经有心爱的姑娘了。”后来再遇见，我以为会尴尬，但人家好像什么事情也没有发生过一样，这性格这民风真是让我开了眼界。

除了这次“意外”，在片场，我还收获了很多珍贵的感情。在克里姆林宫拍见列宁那场戏时，我很紧张，田方老师没有戏，但为了我专门放下自己手里的工作，帮我研读剧本，分析人物，并且带我去拜谒列宁墓，让我获得更多的感性认识。拍的那一天，田方老师更是为我“把场”一天，让我心里有了主心骨。剧中，我需要用俄语给列宁朗诵一首诗，饰演马特维耶夫的苏联演员手把手地教我，每一个单词的发音和朗诵的腔调都给我做示范，让我能顺利地演完这个镜头。那位喜欢把我抱在怀里的管服装的大姐，邀请我们去她的家里，给我们做了一大桌好吃的。导演助理特意从家里带来了她妈妈给我做的饭食……这些感情都滚烫地留在了心里，永不忘怀。

冲　突

剧组里的故事也不都是欢乐笑闹的，偶尔也会有一些争执。只是全组的人，包括我自己，都没有想到，最激烈的冲突会出现在我和苏方导演吉甘的身上。

吉甘导演那时的岁数已经很大了，每天拄着拐棍上片场，德高望重，我们都很尊敬他。那天拍火车车厢内的那场戏，白匪在车厢外架起一排机枪向车厢扫射，田方老师饰演我的父亲，被打伤了，我抱着他。偏赶那天我们的翻译王澍有事没在，我抱着田方老师时，吉甘导演说了一句话，这句话我没听懂，吉甘一看我没反应，有点着急，上来用拐棍的弯把勾我的脖子往前拽，这一下我就火了，觉得受到了侮辱，那会儿也不管对方是哪国人是多大的导演了，拽过拐棍扔到了吉甘的身旁，扭头就走。

电影《风从东方来》中引发冲突的镜头

这一下引起了轩然大波，我身后是怎么一副混乱场面我也顾不得了，直接回到宿舍。田方老师随后追过来，我以为他会批评我，可没想到他只是拍了拍我的肩膀，坐下来，“好小子，有点男子汉的气概！”之后就一句话也没再说。

我冷静了一会，心里也有点埋怨自己太冲动，这毕竟是在中苏合拍的剧组里，我这样对待苏方那么一个德高望重的导演，会不会这个戏就被我搅黄了？再想得严重点，会不会影响到“中苏关系”？想到这我噌地一下站起来，身上一片冷汗，我什么时候捅过这么大娄子

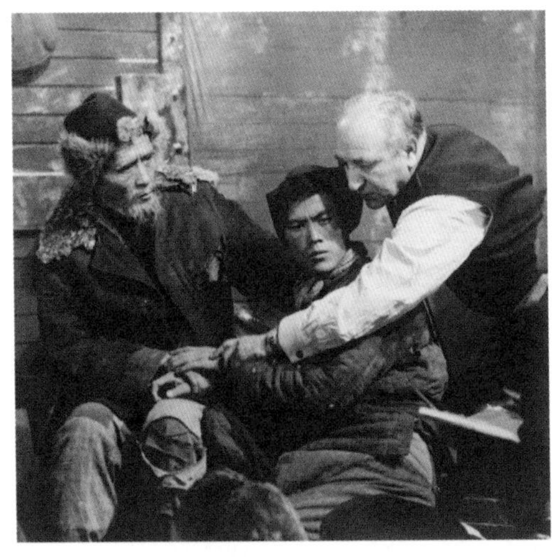
苏联导演吉甘为演员说戏

啊？求助地看着田方老师，他对我叹了口气，无奈地摇摇头，显然他也没想好怎么处理目前的局面。

我颓然坐在椅子上，听着钟表的滴嗒声，心知这么等着也不是事，可要我去道歉我还觉得委屈，明明就是他先侮辱人的么，凭什么我去道歉？可是该怎么办呢？正在我百爪挠心的时候，王澍一推门进来了，喘着气，对我一竖大拇哥："马精武，你是这个！吉甘导演火急火燎地把我找回来，解释半天，人家叫你脑袋往前一点，你没动静，这才拿拐棍勾你，不是有意要侮辱你，叫我赶紧过来解释。得了，是我的不是，今天没在，可我不在这一会儿你就闹出这么大的事，我服了你了！"

听了这话我才恍然大悟，心里愈发后悔用那么不恰当的态度对待吉甘。这时田方老师终于说话了："得了，能让王澍过来解释，就说明事情没咱们想得那么严重，明天去片场好好解释一下，道个歉吧。"我点点头，心里稍微松了口气。

第二天，倒是真来通知正常拍戏，我想着既然还要我去拍，那问题可能真的没那么严重吧？来到片场，老远看见吉甘，刚想走过去，就见吉甘冲我快步走过来，然后紧紧拥抱住我，不住用俄语对我说着"小英雄，好样的！"这完全出乎我的意料，赶紧道歉，他拍着我的肩膀哈哈大笑。这个看似很严重的冲突矛盾，就这样在老艺术家的包容和理解下化解了，从此我们的合作变得亲密无间。

生动的一课

我经常说，我的运气是不错的。这部电影的拍摄，让我见识了苏联电影工作者们的认真。拍见列宁的那场戏时，我首先被对方演员的形象震撼了一下，长得和列宁真像，看着他我连台词都忘了。拍到后面，只要我们几个演员位置变换一下，身后的装饰等场景就要跟着做调整，细致极了。虽然导演听不懂我的中文台词，但是能从表情语气上理解，对我的要求也很严格，差一点都要重来。

在剧组里通过拍摄和观摩就已经让我获益良多，我还能趁闲暇时去观摩其他电影剧组的拍摄。那时正好著名的苏联演员谢尔盖·邦达尔丘克在拍摄电影《一个人的遭遇》，我有幸在影棚里亲眼观摩了邦达尔丘克的表演，这是难得的生动一课。

谢尔盖·邦达尔丘克是苏联著名的电影导演和演员，善于将名著或者史诗改编为电影。他拍的《战争与和平》、《静静的顿河》等影片闻名全世界。《一个人的遭遇》是他的导演处女作，他兼任主演。影片根据同名小说《一个人的遭遇》改编，讲述了木工索阔洛夫的悲惨人生，他上过前线，做了战俘，进了德军的集中营，忍受各种非人的折磨，最后机智地驾车回到了苏军阵地，还俘获了一个德军少校，带回来了重要的情报。战争使索阔洛夫失去了温暖的家和所有的亲人，但他并没有变得冷酷无情，不仅自己要坚强地活下去，而且还要用爱去温暖一个无依无靠的弱小生命。电影里邦达尔丘克自己抱着摄影机完成的醉酒镜头，是电影史上有名的经典时刻。而我有幸目睹的，是他的一场激情戏。

剧情发展到索阔洛夫在集中营里做苦力，一队战俘每人扛一块石头蹒跚在崎岖的矿山上，当他们终于来到山顶，将石头扔下时，德国的军官将索阔洛夫身边的瘦弱战俘推了下去，索阔洛夫眼看着战友跌落，狂呼一声，悲痛欲绝。这天邦达尔丘克要拍的就是这个呼号的镜头，而我就站在摄影机的后面仔细地看着。

“安静！”

“开始！”

摄影机已经开动了，邦达尔丘克坐在椅子上，一直沉默不语，酝酿着情绪，又过了好一会儿，他突然猛地站立起来，睁大双目，目眦欲裂，浑身颤抖着发出那一声呼喊。

“啊……”

站在摄影机后面的我浑身汗毛都立起来了，那种撕心裂肺的悲痛感情扑面而来，排山倒海。我才知道，原来激烈的感情戏是可以这样演的，优秀的演员，表演出来的感情是可以这样感人至深的。这次观摩，让我对“表演”两个字有了更深刻的认识。我意识到，想要演好激情戏，首先要让自己深入人物内心，去体会人物的真情实感，然后让自己的感情由内而外地迸发出来，这样的表演，即使只是一声呼喊，一阵身体颤抖，都能感人。若演员自己没有动感情，仅靠外部的肢体或语言表演，那是万不能达到这样的表演效果的。

《风从东方来》给予我的太多，不仅是我的影视表演生涯的高起点，更让我收获了友谊和在课堂上得不来的宝贵经验。只是可惜，这个片子全部完成后，正要公映之前，中苏关系破裂，我们这个电影也受到影响，互相消减了大量的戏，致使电影没有原片好看。这也是无可奈何的事情，人生不如意之事十之八九吧。

六、莫等闲

“莫等闲，白了少年头，空悲切。”我的大学四年，基本就是在这样的警言中度过的。从进校开始，我们就知道，考上并不代表一劳永逸，如果人品不好、学习不好、业务不好，就会面临被淘汰的危险，所以要“吾日三省吾身”，随时发现自己所缺，及时改正，丝毫不敢有懈怠之心。但即使这样，我们班入学时33个人，最后毕业前只剩下18个。这太让人恐慌了，谁也不知道下一个会不会就是自己，只好积极上进，想尽一切办法提高自己的专业能力。虽然这样看起来太残酷，但也让我们的大学四年没有虚度，每天都过得充实向上，同学们之间都团结友爱，这不是喊口号，而是让我们受益终生的财富。所以，轮到我们执教的时候，也把这样“莫等闲”的精神传授给了学生，这是对他们的警醒和希望。

我们的充实向上，首先体现在课程安排上。现在北京电影学院的表演系学生，基本都是前两年打基础，接受一些基本训练和知识，然后就是实习，第四年写毕业论文。我们那时的课程是扎扎实实地学四年，第一年做小品练习，第二年做片段练习，第三年做独幕剧，第四年就是做大戏。我们还要参加各种活动，还要与其他系一起做联合作业拍短片。

我从小在生活上很“愚蠢”，但在学习上大都不错，进入大学后也依然如此。当我拍完《风从东方来》后，自觉有了更大的进步。我们和导演系、美术系、摄影系联合拍摄了六部短片，我主演了两个，分别是《穿山巨龙》和《金山银水》。我们拍《穿山巨龙》的剧照现在还在北京电影学院的校史网页上，它也是让我印象最深的一部短片。

我对我的所有学生都说过，想要演好角色，一定要去深入角色，体验生活。这不是我总结出来的经验，而是我的老师们对我的谆谆教诲。《穿山巨龙》里，我演一个

短片《穿山巨龙》剧照

电影片段《党的女儿》剧照

火车司机，同学李康尔演副司机，王天鹏演司炉。为了演得真实生动，我们三个必须在开拍前跟着一个火车机务段开火车去。我们挤在车头的驾驶室里，也不敢说话打扰人家工作，只能仔细地观察他们的工作状态，看他们的操作，听他们的术语，学习他们遇到问题时的解决办法。也不能白跟着呀，我们三个大小伙子别的不让干，就只能添炉。没想到这简单的添炉也有大学问，现在看有些电视电影里，表演给火车添炉，基本就是炉门一开，扔一铲煤进去，其实这都演得不对。真正的那种以烧煤为动力的老式火车，炉门一开是九个火室，添煤要按顺序往里扔，这样才能保证炉温均匀。从这一个小细节，就能看出体验生活对于表演是多么重要了。自然，这个短片我们拍得很成功，有生活的表演能引起更多观众的共鸣。

时间在不知不觉间走得飞快，转眼我们进入了大学四年级。这是大学生活的最后一年，我们也要排演自己的大戏了。

我们的毕业大戏有两个，一个就是曹禺先生的《雷雨》，另一个是苏联话剧《普拉东·柯列契特》，这让我真切地体会到中苏两国完全不同的话剧模式。

毕业话剧《雷雨》剧照

《雷雨》是曹禺先生的第一部作品，也是他的成名作，1934年首演，之后便长演不衰，著名的版本有1954年2月的上海电影制片厂演员剧团公演版，赵丹导演，演员有王丹凤、汪漪等。同年6月，北京人民艺术剧院也演出了《雷雨》，导演夏淳，演员有郑榕、朱琳、苏民、于是之、沈默、吕恩、胡宗温、董行佶、李翔等。

珠玉在前，让我们有了很多可借鉴的财富。给我们排戏的是张昕老师，她对剧本做了大胆的改编，“减头绪”、“密针线”，抓住主要矛盾冲突，修剪枝蔓，让全剧显得紧凑精炼。我在剧中饰演大少爷，苒苒饰演繁漪。穿上长袍马褂，我连路都不会走了，举手投足怎么看怎么别扭，更别说能有大少爷的感觉了。张昕老师见状，要求我先读古典名著和古诗词。同一篇文章甚至同一段文字，不同的年岁下，读来都有不同的感悟和收获。这些名著和诗词我在中学时都已经烂熟于心，开始时对这个建议颇不以为然，可是真的重新读来，才发现老师的这番要求给我打开了一片新视野。当我23岁，有了拍摄和学习的经历，并且初尝爱情滋味的时候，那些曾经对我没有任何“触感”的词句这时往往能触动我的心神。书读得多些之后，在排演时就能逐步感受那个年代的一个年轻人，一个传统的“知识分子”是什么样了。张昕老师一再帮我仔细透彻地分析这个人物。大少爷是个充满了矛盾的人，他一方面是周家的大少爷，在封建大家庭里长大，思想不可避免地遭到禁锢，可另一方面，他又是个有学识的人，他知道外面的世界是什么模样，这就造成了他既对父亲不满，又不敢反抗，由于年轻控制不住自己对繁漪的感情，之后又对这段感情自我否定不敢承担。在老师抽丝剥茧地分析下，我对大少爷这个人物从了解逐渐过渡到“灵魂附体”，当我再次穿上他的服装，站在舞台上时，自己感觉我不是马精武，我就是那个拘谨、矛盾的大少爷。

演出时，面对苒苒饰演的繁漪，我眼睛里的爱而不得，懦弱纠结，都表现得较为轻松和准确，而大少爷这个人物在整个戏剧过程里的思想和感情的变化我也得益于张昕老师的帮助而拿捏到位，演出很成功。

第二部毕业大戏，是由苏联专家潘科娃给我们排演的话剧《普拉东·柯列契特》，我在剧中饰演男主角普拉东。和《雷雨》不同，这个剧目在国内没有演出范本，没有参照，全靠我们自己的体会和表演创作。潘科娃是列宁格勒的话剧导演，严谨而严格，对于表演的要求和张昕老师有着完全不同的教学方法。普拉东的第一次上场，我走了两节课都不对，让我颇受打击且烦躁不堪。“再来一次！”反复听到这句话，我直想跟她嚷嚷，强忍下，转身回去，再次上场。在苒苒和其他同学的眼里，我这次上场，脸上明显是气哼哼的，不耐烦的，吊儿郎当的。我正在等着导演说“再来一次”呢，结果这一次反而通过了。我这才了解，原来这位苏联专家要求的不仅是走位的准确，更强调人物的精神状态和感情状态。“说台词很容易，难的是在什么情感

毕业话剧《普拉东·柯列契特》剧照

和精神状态下说的这句台词，把握准了，才能算是成功的表演。”她还注重动作的逻辑，比如我双手攥着女主角的胳膊，她就会问“为什么要这样？”“这是表达我对她的喜欢。”“可我没看出来你喜欢她，你得先让自己的眼神里充满爱意，把喜欢表演出来，然后再用相应而得体的肢体语言去强化你的感情！”从这部剧里，我学到了什么叫“达到目的的过程比目的本身更重要”，我明白了“随意”和“放松”的区别，而我的表演也再不会出现没有逻辑依据的“随意”。

这个戏对我来说有两个难点，第一，苒苒在剧中演我的母亲，面对恋人却要叫“妈妈”，这不是一般的别扭，即使台词念出了口，眼神和状态也不对，我花了好多心思来克服自己的心理障碍。第二，普拉东要在剧中拉一段小提琴，音乐是高难度的

苏联专家潘科娃与表56班师生合影

《天鹅之死》。我会拉小提琴，但是不好听，怎么办呢，老师说你得好好练，无奈我只好每天抽出时间来练习拉小提琴，到演出时，她说你就做样子吧，请了导演系的一个会拉小提琴的同学在布景后面拉。我心想，既然如此，何必让我练习这么久？老师说："就是要让你每一个指法动作都要合拍而且准确。"哦，我明白了，这是为了让我达到真实的感觉，而不能让观众看出来我只是在做样子。演出时，许多同学以为我的小提琴真的拉得很棒。这使我悟到，无论是多么细微的外部动作，都要准确，才不会破坏舞台的真实感。

这两出大戏，是我们四年的大学学习的完美总结和汇报，虽然这四年有动荡有坎坷，但更多的还是专业上的累累硕果和心灵的飞跃成长。至今我想起那时的几位老师，包括所有的台词、形体等老师为我们的付出，都由衷地感激，没有他们，就没有我们毕业以后从事影视创作及教学的能力。

第三章

笑比哭好

走在回家的路上，心里一一闪回着这十年来我的所遭所遇，

意外的是，雨过天晴后，曾经的痛苦、泪水都变得痕迹浅淡，

刻在脑子里的都是笑容。笑容能让人心里温暖，

能让人心里踏实，最重要的，笑永远比哭好，

那是让人在冗长的黑暗里活下来并走向光明的勇气。

一、风暴前的平静

1962年，北京电影制片厂筹拍故事片《停战以后》，导演是成荫，《南征北战》《停战以后》都是他的代表作品，主演是著名演员张平。这是一部纪实性、政论性的影片，讲述的是1946年春，停战协定签字以后，顾青将军作为中共代表来到北平，参加由国、共、美三方组成的军调处执行部的工作，进行和平谈判，揭露他们假和平、真备战的阴谋。这个电影的特点就是，所有故事和人物都有真实原型，包括我饰演的新华社记者薛平。

让我演薛平，这个机会可说难得，此时我已经留校任教，学校有规定，助教是不可以接戏的。导演成荫和我熟识，对我在《风从东方来》中的表演也相当肯定，他觉得薛平应该是一个高瘦、精神、硬朗并且有知识分子气质的形象，他认为我正好都符合，所以千方百计从电影学院把我“借”了出来。我自然高兴，因为演员是需要实践的。

剧中薛平的戏并不多，但是为了演好这个角色，我仍然去新华社体验生活一个多月，跟着真正的记者出去采访，熟悉记者的日常工作和生活状态，深入了解人物原型，最后才有可能胸有成竹地去塑造薛平这个人物。同组的演员都是十分优秀的明星，对我在表演上也多有教益。拍摄中，我发现张平每次的走位都特别准确，比如先是一个小全景，最后定在张平的近景，近景要求演员和摄像机的距离是一米七五，张平走了一圈以后，最后定在那个位置上，误差绝不会多于三公分。这太神奇了，我就向他求教，他哈哈一乐，告诉我诀窍就在于量步子。自己一步迈出去大概多少距离，心里有数，然后再走位，那距离肯定就错不了。我茅塞顿开，也开始练习量步子，这之后，我便也有了走位极准这个“特殊技能”。

剧中与我演情侣的是秦文，她是北京电影制片厂的演员，秦怡的妹妹，比我大十岁，饰演翻译梅初，与薛平是一对未婚夫妻。她与我的舅妈一样大，这让我在和她演对手戏时有些许的不自然。在薛平被绑架前，有一场戏，是薛平和梅初告别并憧憬美好的明天，这里需要我搂一下秦文，开拍时，我手脚僵硬，俩手搭在她肩上，众人哄笑，“马精武这是在搭桥呢！”

这天，我们正在北京饭店的二楼拍戏，周总理来看望大家了。这是我时隔五年第二次见到总理，所有人都笑着，眼里饱含敬仰和爱戴，围拢过去。总理一眼看到了我，“诶！那不是小马么！”我激动得眼眶都湿了，这位日理万机的国家总理，在与我仅有一面之交后，整整五年，还能一眼认出我来，叫出我的名字，这怎么能不让人感动!

总理一一询问我们觉得电影拍得好不好，我们都说好，只有张平说“不好”。总理奇怪，问哪里不好，他说：“吃不饱啊！”总理哈哈大笑，“那我今天就不走了，请你们吃饭！”大家都激动坏了。

我从进大学开始，因为是从新疆来的，又姓马，就被人误以为是回族，这样认为的人太多，我也解释不清楚，干脆也不解释了。让我没有想到的是，这次总理请我们吃饭，居然还会细心到关照我的饭菜，虽然我本来就是汉族，这一桌子菜我都能吃，但是那一瞬，我这心里真是说不上什么感受，热热的，沉甸甸的。

《停战以后》完成后，我回到了课堂上，再次认识到，想要做个好的表演系老师，首先得做一个好演员。有了这几次拍电影的经验，对于导演对演员的要求和演员究竟该如何表演都有了更进一步的体会和认识，这样我在启发和指导学生时，就能有的放矢，抓住最关键最根本的问题，做最有效的教学。而此时的我怎么也不会想到，这部电影与我的下一部电影之间，间隔的竟是十余年的暴风骤雨。

二、到农村去

1963年，为了提高农村的文化水平，活跃农村的文化生活，将社会主义文化带到农村，中宣部组织了“中央农村文化工作队”，抽调中央及北京的有关文艺团体和院校的专业人才，组成二十多支工作队，分赴各省开展农村文化工作。我也报名参加，被编入辽宁队，队长是剧协主席李超，队员们来自于人民文学出版社、北京电影学院、中国京剧院、中国美术馆、北京舞蹈学校、东方歌舞团等各个文化、艺术和教育单位，要去的地方是辽宁的盖平县。

中央对农村文化工作队很重视，出发前，我们集中去中央团校学习。会上不仅传达、学习了周总理关于农村文化的讲话，并且周扬、廖鲁言、徐平羽、赵树理、刘子章等各级领导都来与我们座谈并作讲话，反复强调了农村文化工作队的主要工作任务，和“必须按照群众的自愿和需要，在业余的前提下进行”，“我们的文化是要为农业服务的，而不是要农业为文化服务”，“小型、分散、灵活、多样”的工作原则。

集中学习了好几天，最后周总理亲自接见了我们。在辽宁队里，我年纪最小，总理接见时我自然坐在后面，但总理还是看见了我，冲我招手，“小马，坐到前面来！”这是我第三次见到总理，也是最后一次，这种荣幸与激动，已经不需用文字来形容了。总理再次强调了工作队的重要性，对我们予以鼓励。中央这样重视这项工作，让我们所有成员都既觉得光荣，又感到压力沉重。

这些天的会议记录我记了满满一本，开拔前我就把本子揣在怀里，准备随时翻阅和学习。

等真正到了盖平县，深入到乡村，农村的文化生活真的在我眼前展开时，本子上那没有生气的会议记录一一对应了现实，才变得生动和明朗起来。

在县城，按照程序，我们得先了解当地的文化生活都是什么样子的，于是当地的二人转和大秧歌就演起来了。这一演，我们都吓一跳，全队的女同志没有一个敢抬头看的，我们这些老爷们也一个个面红耳赤，我只能用四个字来形容：低俗不堪。刚来这里，就让我明白了为什么要我们下乡，为什么要开展农村文化工作。如果农民兄弟们每天都在这样的文化娱乐环境中，那还谈什么社会主义文化呢？

我们的工作迅速展开，平常就住在老乡家里，与农民兄弟们同吃同住同劳动，我有幸与漫画家江帆同住一屋，闲暇时召集村里的年轻男女到会议室，支块黑板，教他们认字和学唱革命歌曲，晚上时常组织演出，让百姓们了解什么是我们提倡的“社会主义文化”，回到屋里，我就向江帆讨教如何画漫画。

演出需要有节目，我就和同事李宁，还有北影演员剧团的曹昌焕合演一个小品《喜相逢》，里面有一句词“毛巾肥皂”，鬼使神差地，李宁每次都说成“肥巾毛皂”，观众们哄堂大笑，我们也忍得很辛苦。光有一个小品，节目当然不够，于是李超队长特意给我写了一个剧本，让我一个人饰演四个角色，这就算有了第二个节目。可是一台演出就俩节目那也不像话，还好我们组有个中国京剧院的武丑演员刘鸣啸，擅长武戏，热闹精彩，由他攒底，这一场演出才勉强算是圆满。

事实证明，农民们对于提高文化水平和丰富文化生活还是有很高的积极性的，每次我们组织活动或者教学，他们都愿意参与。但是短短六个月，工作刚有点成绩，我们就要回北京了。那年我刚26岁，血气方刚，革命理想坚定不移，觉得农村文化工作队的工作没有做完，不能就这样结束了，于是提出申请第二年还要继续参与。

1964年，我第二次参加农村文化工作队，还是去辽宁，这次的辽宁队以中央乐团为主，“个体户”就是我和大画家黄永玉。节目已然轮不到我来演了，中央乐团里全是歌唱家、演奏家，随便一个就能撑整场。这次与上一年的工作相比，农村的文化普及工作相对少了些，演出是主要工作。我跟着沾光，沈阳、大连、鲅鱼圈、大石桥……这些地方走了一圈，待遇极好，见识了各地不同的民俗和文化。

农村文化工作队到底取得了哪些成就，轮不到我来置喙，我且说说自己在这两年里的收获吧！

虽然我们是去农村开展文化工作，但实际上，老乡们也滋养了我们。劳动回来，暑气正盛，就见自己的小炕桌上已经摆好了高粱米饭，用井水拔得凉凉的，甚至有时，旁边还放着一瓶酒，一小碟煎白鱼。老乡们靠天吃饭，辛苦度日，能给我们这样的伙食实属不易，早已经超过了我们交给他们的三毛钱饭钱。他们不求什么，只是单纯地尽力对我们好，而我们也只能感激地对他们一笑，将这份感动藏在心里，日后，当我们在“名利场”中上下浮沉的时候，那高粱米饭的丝丝凉气，老乡们那朴质的真诚，能让我们把得失看淡，灵台清明，保持初心。

两次参加农村工作队，也让我结识了很多从事艺术的好朋友，在他们身上学到了很多东西。漫画家江帆，我是天天与他在一起的，除了向他学习漫画以外，聊天的内容很广泛，从文学到艺术，从家庭到人生，我们的友谊由此开始，延续了数十年，每逢春节，我们都会相聚，“文革”中，他被安排在美院烧锅炉，我会提着些吃的冒险去看他，而我举办自己的喜剧专场时，他也会应邀前来，给予我欣赏与鼓励。京剧演员刘鸣啸，让我见识了中国传统艺术的伟大。我们即使是演一个小品，也要经过数次排练才敢上台，遑论一出戏呢？可是刘鸣啸给年轻人排戏，不用排练，只凭嘴说，各自的脑子里就有了关于这出戏表演的一切想象，等到正式演出，年轻人就能在锣鼓点的带领下，与他配合得天衣无缝。在这个传授的过程里，前辈的“不藏私”能让孩子们愿意跪下感谢，而刘鸣啸却不会让孩子的膝盖真的碰到地上，这一跪一搀之间，展现出戏曲行里的“规矩”和“尊师重道”的传统，让我为之动容。还有那些中央乐团的队员们，即使已经是首席演奏员，是独唱演员，每天的练功也绝不会懈怠。清晨，早起的鸟儿刚刚鸣叫，他们的晨功便已开始，各种乐

多年后于黄永玉家中重聚首　2001 年

器、练声交响，而我，就会与黄永玉一起，背着画板来到苹果树林里，呼吸着带着晨露的湿润空气，点染着那些树叶和果实。何为抽象，何为大写意，看着黄永玉的每一次落笔，都会让我感悟良多。回过头来看看，其实这两年的农村文化工作队的生活，我所能给予的，远不如我所得到的多。

三、山雨欲来

1964年10月，我和全系的师生一起来到山西雁北的阳高县，来这里不是为了采风也不是为了演出，而是要参加“四清”。“四清”，指的是“清工分，清账目，清仓库和清财物”，后期在城乡中表现为“清思想，清政治，清组织和清经济”，斗争的对象是农村和城市中的腐败分子。

阳高县不富裕，我们所在的那个村子就更穷了，老百姓只能喝上糊糊，黍黍子皮还在里面，若能加上点土豆，那就是极好的一顿饭食了。虽然贫穷，但是这里民风极为淳朴，对于我们这些北京来的大学老师和大学生们极为尊重和热情。走在路上，乡亲们见到了，都要笑着打声招呼，“小马，你吡（吃）啦么（没）有？”其实这句问话很容易让人尴尬，因为我若说“吡啦！”就会看见他们脸上的释然的笑容，可我若说“么吡！”那他们的笑容就会讪讪起来，没吃就没吃吧，他们也没招。明明这句问候担着风险，可每次见面他们仍然用这句话表达他们待客的热情。

随着我们所谓“四清”运动的深入，我越来越觉得这个事情不太对劲。这个村的村长叫李存，一看就是个憨厚的农民，眉眼间都是良善，然而群众开了好多次批斗会，让他站在村里小广场的土台子上，给他冠上了贪污的罪名，好似村长这个职务此时已经和贪污画上了必然的等号。起初这位村长还能诚恳地解释说自己饭都吃不饱，贪什么呢？可他发现越解释，群众越激愤，自己老也不能从这个土台子上下去，低头认罪的姿势也不会因为他的解释而取消，最后，他承认了。但承认也没有获得宽大，人们还逼迫他供述自己的贪污事实，他没办法了，为了求得片刻的宁静与解脱，破罐子破摔，说自己进城去卖茄子，一车茄子贪污了147块6角8分钱。这已经是胡说八道了，两车茄子也绝对卖不到100块钱。可台下的人激动了，为这个他们心里预设的结果而欣喜，一腔早已准备好的愤怒化为阵阵呼喊。看着人群，里面有老百姓，也有我的学生们，我很疑惑和犹豫，停课来到这里，做这样的事情，真的对吗？终于，李存满足了台下人们的要求，走下了土台子，抬头看我一眼，还对我习惯性地憨憨一笑，然后低头慢慢朝家门走去，背影萧索。我被那笑容扎得心慌，夜里裹着被子，辗转反侧，村里又有人死去，女人们唱歌一样的哭声传来，心里更像长了草一样，这一夜注定又睡不安稳了。

这样纠结迷茫的日子过了整整九个月，期间也有一些学生眼睛里带着疑问看着我，可我自己尚弄不清楚的事情，又该怎么跟他们解释呢？

在阳高四清的后期，四清运动逐渐消停了，我们抓紧这个时间排演了很多小节目，师生同台，在大同等地演出，受到当地工人、农民的热烈欢迎，这时我们才似乎感受到，我们还是从事表演专业的文艺工作者。这之后，终于盼来了回北京的命令。

四清后期的演出《赞平山》剧照 1965 年

四、望尽天涯路

本以为回到北京能重新进入课堂，结果回来后就接到命令，让带着学生们去慰问西南铁道兵。虽然不能上课，但慰问铁道兵也是一次难得的舞台演出实践。我和表演系的李慧颖、文玮老师共同带着两个小班的学生，组成演出队，跟电影乐团一起，奔赴大西南。

演出队每到一个地方，有打前站的老师同学，先搜集这个部队里的先进事迹或英雄故事，我们到了后开始现编剧本，然后让学生们稍加排练，就搭台子演起来。我和李克己老师的新疆舞《双送礼》，每场必演，不光那些军人欢迎，就连电影学院的师生们都每场必看，躲在台侧嗤嗤地笑，后来我又和刘诗兵一起演出过多次，由此，《双送礼》成了我在电影学院的保留节目。慰问的日子既艰苦又紧张，每天都在赶路、编本子、排练、演出中度过，不过却也充实有趣，学生们也得到了很大的锻炼，而我，仿佛又回到了中学的那段时光。

这天，刚到一个新的驻地，就接到一封电报，上写着：速回京，参加“文化大革命”。

电报追着我们走，看来这个事情很急迫。迅速集合学生们，上火车回北京。在路上，不明就里的我对学生们说：“你们都把衣服换换，穿整齐点，注意精神面貌，我们要回北京了，参加‘文化大革命’去！”可当我精神抖擞地下了火车，笑容还挂在嘴角，耳边就响起恶狠狠的一声呼喊：“马精武，过来！”这种语气太熟悉了，我好像又回到了那个小村子的土台子前，只不过，这次站在台子上的是我。

被押着回到学校，批斗紧跟而来。一个写着“修正主义黑苗子”的牌子挂到了我、李慧颖和文玮老师的脖子上。周围全是人，扬着手，昂着头，脖子上青筋暴起，一阵一阵的口号声我也听不清楚，很像是在集体引吭高歌。我的脑子还懵着，脖子上那块牌子是什么意思我也没闹明白，叫嚷了一阵后，批斗宣告结束，苒苒过来帮我提上行李，她只说了一句“快回家。”回去后她告诉我，轰轰烈烈的“文化大革命”开始了。

整整四年，没有教学，没有拍戏，甚至连正常生活也不能保证，每天充斥的除了各种“会议”就是斗争，风声鹤唳，我甚至为了躲避“抓捕”跑到苒苒同学家断断续续借住了半年。四年足够培养一个大学生了，但是对于我们，却完全是无意义的浪费光阴。

熬到了1970年，这年最开心的事情就是苒苒顺利生下了儿子马川，最伤心的事是儿子仅19天大，我就被迫离开他们母子俩，到保定的白洋淀，下放劳动。

白洋淀东向阳村，就是我们表导演系所在的村子。领导我们，让我们“脱胎换骨”的老师，是高炮连的连长，叫崔凤德，种稻子是一把好手。

我们每日的生活变得极为规律，天不亮起床，唱语录歌，然后跑步，这期间需要强压下极度的饥饿感抬起自己的腿，然后再唱语录歌，这时才能吃饭，吃完了集合整装，下地干活。春天，踩着冰碴下地插秧，上到田埂时，膝盖以下青紫一片。秋天，顶着日头收割庄稼，然后伴着秋虫鸣叫，打稻子直到深夜。我们真的和农民兄弟们一样了，以前没怎么碰过农活的人现在个个都是一把好手，天天下地干活，自种自吃，回来就一起蹲在门口晒太阳，戏谑着有一搭无一搭地聊着邻村的姑娘、本村的媳妇，只是一旦没收住，“以前”、“当初”这两个词一出口，大家就会突然沉默，长久的沉默，然后痛苦地喘息一声。

如果日子就这样过去，即使疲累，即使痛苦，也能忍耐，无奈这也不能如愿。下地干一天农活，回来也不得消停，总有那么几个人在门口堵着我，“马精武，老实交代你发展‘五一六’的反革命事实！”我要是说，我根本不知道“五一六”是个什么，估计也没人肯信，可事实上，我到现在也没闹清楚那到底是怎么回事。后来

“九一三事件”的消息传来，这个让人窒息的地方似乎被这个消息撬开了一条缝，一股新鲜空气钻了进来，所有人都能喘息一下，清查“五一六”的活动也不了了之了。

1971年下半年，我们被调回保定，进了县城，环境也宽松了些。估计监管我们的人也产生了疲懒的心理，贫下中农再教育接受得很好么，还能翻出多大的浪来？此时，苒苒也无奈地把儿子放到她的九姨家，和我来到一个连队下放劳动，但是平常我们轻易见不到面。我们的生活还挺繁忙，我因为会蹬三轮车，被连队选中专门做采买的工作，每隔一两天我就要去城里，用一口可以乱真的保定话，跟人家砍价、逗贫，回来后就自己写字、篆刻。

王国维曾说，人生有三个阶段，第一阶段是“昨夜西风凋碧树，独上高楼，望尽天涯路。”现在碧树凋零，前方的景象是什么样呢？青山、田野、手中的刻刀和指间的泥土。这就是我的天涯路么？再看看身边的每一个同事，他们是不是都曾想过为了电影“衣带渐宽终不悔，为伊消得人憔悴”？舒口气，举目四望，云霞满天，日出东方，“朝霞不出门，今天天气看来不好呢！”说完这句，不禁自失地一笑，看，昔日的摄影机和三尺讲台，此刻对我来说，就好像梦境一般虚幻遥远。

五、曙　光

1973年的某天，军代表把我叫过去，递给我一张通知，“调马精武同志赴长春电影制片厂参加影片《艳阳天》试镜。”这一句话，就好像黑暗隧道里突然出现的一束光，这是要走到出口了么?

1958年，拍《风从东方来》，那是少年得志，带着点沾沾自喜，洋洋自得。1962年，拍《停战以后》，那是意气风发，全身都像闪着光，透着一股子昂扬向上的劲头。可是，从25岁到36岁，最好的年华里，电影于我却没有了半点干系，我甚至以为，这辈子也不会再有干系了，以至于今天看见这封《艳阳天》的试镜通知，竟感觉恍如隔世。

长影导演林农正在筹拍由作家浩然的同名小说改编的电影《艳阳天》，剧中有个角色叫马老四，是合作社里的饲养员。他想起我在《风从东方来》中的表现和形象，又高又瘦，但阳刚硬朗，棱角分明，很符合他想象中马老四的形象，所以极力推荐我。

《艳阳天》是当时极有名的小说，我们都看过，马老四有六十多岁，而我刚36岁，这是个不小的挑战。同事们都盼望我能成功，怕我给人家的第一印象是“不像”，我们的化妆老师雷军重操旧业，专门给我做了个老年的造型，照了张定妆照，我揣在兜里赶赴长影。

可我到了长影后，还是不可避免地因为年龄问题而遭受质疑。那时制片厂还是在革委会领导下，他们不相信一个36岁的演员能把60岁的人物演好。最后是林农导演艰难地顶住了各方压力，始终相信我能演好，终于给我争取到了试戏的机会。

林农导演为了我冒那么大的风险去坚持，电影学院的老师们同学们还在等着我“重生”的消息，我一定要努力获得试镜的成功。剧组在邯郸涉县搭棚，我就开始和

雷军老师打造的电影《艳阳天》马老四试妆照

电影《艳阳天》剧照

真正的饲养员同吃同住，帮着他喂养、打理和照顾牲口，整整一个月。通过观察，我发现饲养员这种劳动者平常是面无表情、少言寡语的，因为每天也就是在老伴送饭过来时他才能说上一两句话，其他时间都是和牲口在一起，连晚上睡觉都是在牲口棚里。他的喜怒哀乐无人诉说，也无人关心，时间久了，就变得面沉似水了，而语言功能似乎也丧失了一般。抓住了这个特点，又把饲养员的活计学到手，对于马老四这个角色的塑造，我心里有了点底。

化上妆，刷白了头发，穿一身粗布衣服，腰里系条围裙，别个烟袋，马老四的外形基本就算有了。但是我心里清楚，这个人物需要有情，内心情感要丰富才能打动人，而不能只单纯地捕捉人物的外在形象和气质，所以虽然马老四大多时候都面无表情，看似冷漠，但眼睛里要透出充实的情感。

第一批样片出来，因为没有激烈的情感冲突的戏，所以我的试演没有得到认可，但我告诉自己别着急，继续研读小说和剧本。林农导演觉得应该拍一场激烈的戏，这正符合了我的心愿，第二批样片里有马老四打儿子的一场戏。我先仔细分析人物此时的心理和感情，马老四是个贫苦出身，解放前就受地主马小辫的剥削压迫，儿子马连福也从小就没日没夜地给马小辫家干活，好不容易才没有饿死，终于盼到解放，看见了生活的希望，结果现在发现，儿子被别有用心的人当了枪使，居然站在了马小辫那群人一边，忘了本，这对于马老四来说不亚于晴天霹雳。此时的马老四，应该是极度生气、失望的，瞬间迸发出来的感情应该是极为强烈的。当初在苏联观摩学习到的经验，这会儿起了极大的作用。正式拍摄前，我不断回忆邦达尔丘克的那场戏，也学他那样，尽量让自己沉浸在马老四的感情世界中，这样在拍摄一开始，我的情绪就已经酝酿到位，处于盛怒中了。低吼一声“好小子，你躲在这！”手里攥着牲口鞭子，用微乱的步子直接快步入画，挥鞭打向马连福，之后在萧长春的劝阻下，马老四的感情从激烈逐渐趋于平缓，情感变化层次和剧情正好合拍，这是一个长镜头，中间没有剪。因为是从心里迸发出来的情感，所以不用借助扭曲的面容或者歇斯底里的吼叫来装饰，仅在步伐和肢体动作上带出一点苍老、僵硬的感觉，就可以真实感人地让这个长镜头一气呵成。

拍完这个镜头之后，我在第二批样片里的表演最终获得认可。虽然全剧里，马老四总共只有36个镜头，但每一个镜头我都力求表演真实到位，让观众们通过这部影片的放映，知道马精武又出现了。

拍完《艳阳天》，电影学院的人也都回到了北京，此时的电影学院已经被“解散”，并入了中央戏剧学院，除了表演系的人，其他人都去了沙河朱辛庄的五七艺术大学。走进中戏，我有些迷茫，电影学院难道就这样没有了么?

六、待罪拍戏

“这活儿成么”

六月的下午一两点的日头最是毒辣，这个时候，人们一般都在家里歇晌，田里是不会见到人的。可是今天，老牛被挂上了犁铧，赶到了田里，颇为不情愿地摇晃着脑袋哞哞叫着。我把外衣脱掉，下地，田埂上一堆人正在围观。右手扶着犁铧，左手扬起鞭子，“哦哦哦啪！”老牛开始朝田地的另一端移动。土地在犁铧下翻开了花，那一道沟壑既深又直，走到尽头，我故意耍了个帅，诚心要震震那些围观的人，一个翻身，鞭子交到右手，左手扶着犁铧，几乎没有停顿地翻开了第二道沟壑。田埂上惊讶的赞叹声传来，我心里小有得意。经过了这些年的下放劳动，干起农活现在对我来说那是轻车熟路，这下，看你还有什么意见么？

掸掸土，走上田埂，先看了眼林农导演，他很欣慰地笑着，再看看站在中间的那位大作家，“浩然老师，您看我这活儿成么？”“成成成，太成了，哎呀马老师，我真是没想到你的农活这么好，我没意见了，同意！”

这个场景，不是我给剧组的人示范农活，而是为了争取《金光大道》中的张金发这个角色而特意安排的，算是考核，要是有个摄像机，那就是试镜了。

经历过那个年代的人都知道，整整十年，银幕上除了八个革命样板戏，能看见的故事片真是少而又少，《艳阳天》就是其中之一。在全国上映后，这部好容易出现的新影片自然掀起了观看热潮，而剧中的演员，也迅速变得家喻户晓。《艳阳天》成功后，由于原著作者浩然和剧组合作融洽，林农和孙羽两位导演又建立了高度默契，且有极高的艺术水平，所以长春电影制片厂决定继续改编和拍摄浩然的另一部长篇小说《金光大道》，拍摄任务自然交给了《艳阳天》的原班人马。

《金光大道》的拍摄任务一下来，孙羽导演就忙着四处找演员，几乎跑遍了大半个中国。对于剧中的一号反派张金发的演员人选，林农导演是有自己的打算的，他直接来北京找我，并且顺道“拐带”了我的儿子马川（当时叫马越）。他正发愁男主角高大泉的儿子找不到合适的小演员来演呢，一看马川，浓眉大眼，机灵可爱，可乐坏了，岁数形象都合适，得来全不费工夫。

还能拍电影，我当然高兴，带着儿子来到河北蓟县的摄制组，出乎意料，马川倒是当时就定下了，我这个当爹的反而遭到否定和拒绝，这次否定我的人，不是制片厂也不是革委会，而是《金光大道》的原著者浩然。

为什么否定我，我想不通，《艳阳天》也是浩然的作品，为什么到了《金光大道》这就变了呢？林农安抚我，说过两天浩然会来，到时候当面问问原因。

浩然来到剧组，先向我走过来，跟我握手，“马老师，对不起啊，我不是针对你，而是因为这个角色！张金发这个人物，在解放前可不是一般的长工，而是长工头，能成为头，那是因为在这群长工里他是最强壮、农活最厉害的那一个。可马老师你呢，太瘦了，一点也看不出有长工头的样子来呀！所以我说你来演张金发不合适啊。”浩然的坦诚让我心里舒服了些。“那么浩然老师，在您看来，张金发除了身体壮，还必须具备什么条件呢？”“最少，所有农活都能拿得起来啊！”“哦？那我要是能拿得起来呢？”“不可能吧！”

在浩然眼里，甚至是全剧组的人眼里，我是个大学的教员，是个电影演员，应该是手无缚鸡之力的，学学农活的架势还行，真要干，肯定拿不下。我想，不就是干农活么？真得感谢这几年的下放劳动生活，这次偏要让他们心服口服才行！下午刚好有一场犁地的戏，我便提出在开拍前我先试试，于是就有了之前的那个场景。

成功取得浩然的信任，我才正式在蓟县进组。林农和孙羽导演对我很信任，邀请我一起参加剧本的改编工作。这对我来说是一个难得的学习机会。这样一个大部头的小说，要改成电影，那得要有多深厚的功力才能抓住最主要的矛盾线，将这么多人物和情节表现好啊？更别说还要适应电影语言的要求了。场景、人物塑造、事件，我们围绕着这几个因素做了大量的工作，甚至把分镜头都画了出来。剧中铲掉“发家致富”这四个字的镜头，以及把张金发家的墙垛子设计成金钱眼的形状以增加寓意，等等这些电影里的最后呈现，都是在改编过程中大家共同创造的。

在改编和拍摄期间，浩然有很长时间和我们在一起，他一天要抽六盒烟，不用火柴，一根接一根，外表看起来就是个朴实的农民，一点也没有想象中大作家的模样。我们改编剧本时，他自然是能给我们很大的帮助，但更为难得的是，在拍摄时，他还能给我们演员的表演以启发。对于张金发这个人物，他就有他的看法，“张金发是反派，但是你别忘了，他也是共产党员，是村长，不要单纯地把他往坏了演，要顺着他的逻辑，他做了一件错事，但是他自己不认为是错事。”这给我塑造张金发这个人物形象指了一条正确的道路。浩然确实是一位接地气的、有才华的作家。

现在说起“文革”中诞生的艺术作品，很多人的脑子里可能都会有“高大全”这个词语，这特指按“三突出创作原则”炮制出来的革命正面人物形象，而这个词，正是《金光大道》的男主角高大泉的名字的谐音。对于高大泉的表演，是有条条框框的规矩的，甚至连特写的角度和面目表情都有要求，这对演员来说，其实不是好事。而作为高大泉对立面的张金发，表演起来就自由多了，我可以根据人物需要自由发挥、设计动作，这就是那个年代演反派的好处。

我们那时候拍电影是非常认真的，导演要有分镜头剧本，我自己也有一个笔记本，在每一个场景下，把镜头编号，标注清楚镜位、景别，然后写下这个镜头里的人物台词和走位，最后一栏则是对这个镜头里人物情绪和内心的剖析，连潜台词和导演提示都写得清清楚楚。比如第二景高台阶下那场戏，我在人物剖析那栏里就写着：

冯少怀买骡子我知道，我支持，并准备当众表扬他，他爱显贵，遭人围击，

电影《金光大道》剧照

我得去解围，要有村长的“威”，要“护”少怀。

……

少怀果真走了，是教训朱铁汉的机会，朱铁汉还来劲，要用上级对下级的态度，“怒”与“训”。

……

导演提示：要炫耀，用学来的干部腔调。

……

现在不是流行一句话么，叫“感谢当年的自己”，现在我再翻开这个本子，也深有感触。当年的自己若没有这个认真的劲头，那么我的命运可能又会不一样吧。

平地起风波

上集顺利拍摄完毕，1975年公映。这时我们才意识到这个电影的影响有多大。试想，全国上下好几亿人都来看这个片子，很多人都不止看一遍，这是什么概念？倒不是说我们这个电影比现在的国际大片好，关键在于，那会儿除了这个故事片和样板戏以外，实在没有什么可看的。

当时我们因为这部电影尝试到了“走红”的滋味。走在大街上，总会被人认出来，他们直接喊我“张金发”，买东西吃饭甚至不肯收钱。当初接到拍摄任务，我只是单纯为了还能再拍一部电影而欣喜，完全没有想到过，拍完了还会有这样的轰动效应，说不得意那是骗人。即使我们回去面临着各种学习、各种会议、各种批评与自我批评，但能参加这部影片的拍摄，喜悦的心情是不可否认的。

拍完《金光大道》上集，我回到北京，各方的反响都不错，但是正常的日子还得过，而所谓正常，就是还要参加各种运动和劳动。回去没多久，学院的老师们就要去大红门那边“打倒资产阶级土围子”，去之前，林农导演正好要去作家白刃家拜访，就顺路带我去拜见高人。在白刃老师家里，我看到一本书，现在五十岁以上的中年人，大多会对这类书记忆犹新而又讳莫如深。书中涉及的事件真相到底是什么，不是我能知道的，当时我只是好奇，随手翻了一下，等我到大红门，和两位同事一起劳动时，便悄悄地说起这本书，表达了我的惊讶和迷茫。那时大家对政治、形势都是很关心的，坐在一起时就难免讲起这些事，说完我也没把这事放在心上。

可我没想到，就这一件我没有放在心上的事会掀起一阵狂风巨浪。“东窗事发”后，“攻击中央文革”这顶帽子朝我压了下来。

当我走进中戏的院子时，竟然有很多“打倒马精武”的大字报，还打着红色的叉叉，看来这次，我马精武要作为主角接受洗礼了啊！

回到家，我对即将到来的一切有了最坏的预期，我可以豁出去，可苒苒和马川怎么办？面对如此严峻的形势，我有点胆怯、有点慌张，苒苒却比我镇定。

“没事的，你们只是议论了一下。”

“你让他们找人来对质！看谁还敢重复？就说没有议论过！”

看着苒苒坚定的目光，我心里再次感激自己能拥有她。若我是那无法无天的孙猴子，那苒苒就是我一辈子也离不开的定海神针。

还真巧，有一天，我往楼上走，唐远之老师接受完调查往楼下来，与我一错肩膀的时候，迅速而低沉地说了句：“马老师，你可什么都没跟我说啊！”听了这句话，我心里更有底了。

审查中，因为当时有个规定，攻击言论不许重复，所以不管我是不是真的说了攻击言论，他们也都绝不敢再提。

没有证据，我的“罪名”不能落实，但他们又不愿意放过我，就这么吊着。批斗会上，他们义正词严地批评着，我在下面举手要求发言，竟然遭到拒绝，那我就干脆不听你这个劳什子会议了，站起来就出了会场。那些大字报，内容与事实已经相距十万八千里，既然你们能写大字报，为什么我不能回复一张大字报呢？至少字比你们写得好看，再说，如果别人说我杀了人，那我就真的杀了人么？这次写的大字报足足用了32张纸拼成，贴了满满一面墙。

撑到1976年，《金光大道》中集要开始拍摄了，剧组来北京要人。革命领导小组不放，但当时《金光大道》是全国有名的电影，是很严肃的政治任务，耽误不起，我是第一大反派，没有我中集没法拍，所以最后文化部革命领导小组给我定的是四个字：待罪拍戏。

虚　惊

尽管帽子没有摘掉，随时还有扣回来的可能，但至少我现在可以摆脱这无休止、无意义的生活，回到片场拍电影了，只是这次，我变成了待罪之身。

来到剧组，拍摄任务仍然是要兢兢业业地完成，但是工作结束回到宿舍，我的心情就很沉闷。刀悬在脑袋上的滋味并不好受，而苒苒又不在身边，主心骨都没了。在我眼前的，只有刚6岁的马川，我这心里的苦闷总不能对着小孩子说吧？所以我除了写字、捏泥人排遣以外，经常喝酒。

这天，摄制组接到电话，说明天公安局的人要来，不要安排拍摄。所有人都看向我，因为组里好像只有我这个待罪之身才有可能惊动公安局的人。

电影《金光大道》剧照

抱着头坐在床沿，我的心情无法形容。害怕么？自然有的，谁知道被带走后面临的是什么。但是担心更多一点，我被带走了，马川怎么办？苒苒怎么办？马川也感觉到不对劲，有点惊慌地看着我，我这心里更酸了，紧紧攥着他的手，都是一样的冰凉。林农导演不在，摄制组的党支部书记张磊和导演孙羽推开了我宿舍的门，对我说："万一要是真的来抓你，别担心，马川我们会照顾好，每月都会给苒苒寄钱，保证他们娘俩的生活，你放心！"患难见真情，我在如此处境下，他们能对我有这么一句话，这得是多大的福报！感动的泪水再也忍不住。接着，饰演邓久宽的杨守林给我拿来一个大帆布包，打开一看，全是烟、酒和一些食物。"精武，没关系的，我进去过，里面让抽烟也让喝酒，审查完了就出来了！"看着这位"过来人"，我心里又安稳了些。

第二天中午，楼下真的来了一辆车，有两个人走了下来，我从楼上望去，他们后腰上都别着枪。经过一夜的思考，是福不是祸，是祸躲不过，既然事情出了，就像个汉子一样坦然面对吧。整理整理衣服，洗了把脸，我挺直了腰杆走进会议室，手上还拿着那个大帆布包。

大会开始，我正等着带我走的命令呢，结果警察宣布，这次要带走的是"过来人"杨守林。这戏剧性的一幕，让所有人都愣了神，目光刷的一下聚拢在我们身上，我和杨守林面面相觑，瞪大了眼睛张大了嘴。他被警察带走时脸上还是"怎么会是我"的惊诧表情，我清醒过来，看见脚边的那个帆布包，赶紧大喊一声"等一等！"拿起来跑过去，把包塞到杨守林的手上，"守林，这个包，你，你还是留着自己用吧！"

这一幕要是发生在电影里，观众们一定已经捧腹大笑了吧，可在当时，真真切切发生在眼前的时候，大家只有惊惶，没有一点安全感的惊惶。

中集拍摄的最后几天，牲口在棚里一直烦躁不堪，大量的蚂蚁搬家，四处都是青蛙。我们也没太在意，只当是要变天的预兆，可是那天气真是热得邪性，晚上根本无法入睡。1976年7月27日，我们拍完了在蓟县的最后一个镜头，就是最后高大泉找张金发理论的那场戏，天空都已经变成了紫色，我们感到很新奇，从来没见过，导演觉得这样的天气很适合渲染烘托高大泉的心情，是老天帮忙，还很高兴。晚上，我想到外景拍摄都结束了，等回到长春拍完内景，这部电影就算拍完了，后面等待我的会不会又是没完没了的审查？心情不好，加上实在太热，我就喝了大量的酒，很晚才迷迷糊糊地睡着了。

半夜，忽然听见轰隆隆的响声，紧接着，床就颠了起来。心知不好，我忽地坐起来，脑子还没有完全清醒，这时，马川在剧中的爸爸，饰演高大泉的张国民一把推开门进来，把马川夹起来就往楼下跑去。我一看马川安全了，心就放了下来，还能忙里偷闲给孩子拿上衣服和一床被子，也向楼下跑去。

我们都不知道那就是唐山大地震，只是不再敢进屋子，在马路上搭上棚子暂歇。等到下午，就看见很多车从唐山往北京去，我们才知道这是一个怎样的大灾难。那样的危险中，张国民能在第一时间想到他剧中的儿子马川，反应和动作比我这亲爸爸还要快，让我很汗颜，也让我很感动，我告诉马川，你要一辈子感激你的张国民爸爸。

地震过后，紧接而来的是洪水的警报。我们全剧组赶紧往山上走，组里的男男女女轮流帮我抱着马川，真是如大家庭一样。万幸水不如预报的凶险，等形式稍微稳定点，孙羽就带着剧组往北京转移。

到了北京才知道，北京往长春的火车只剩下一列对开，根本买不到这么多火车票，剧组怎么能回到长春呢？这时我想起当年我从苏联回来时认识的一位列车长，这么多年了一直还有联系，他现在是客运调度处的负责人，找他试试看能不能帮上忙吧。

事情出乎意料的顺利，他一看见我，再听说是《金光大道》的剧组，设备和胶片

电影《金光大道》全体演职人员合影

都是要绝对保证安全，没说二话，单调了一节车厢给我们，我们这群人才得以顺利回到长春。

电影拍完了，之前担心的待罪问题也没了下文，因为“文化大革命”进入了尾声。所有的一切，好的不好的，这时好像都化为一场虚惊。

第四章

艳阳天

十年的阴霾终于散去，
我们已经不年轻了，逝去的年华不可弥补，
所以我们更加急切地想要创作，
想要抓住对艺术的那点执念，
尽可能地往前多走走。
话剧、电影、电视剧甚至自己的喜剧专场，
我怀着满腔热情，努力着，
张开双臂，去拥抱属于自己艺术的艳阳天。

一、复 活

1977年，“文化大革命”虽然已经结束，可是北京电影学院还和其他学校合并在“五七”艺术大学。我们全体师生强烈要求能恢复北京电影学院，经过多方努力，终于成功。

可是就这样悄无声息地恢复吗？当然不行！我们要演戏，要大张旗鼓地向全北京、向全国宣告，北京电影学院复活了！

剧本很快选定，就排演《最后一幕》。

1938年，周恩来同志代表党中央、毛主席，在领导国统区抗日民族统一战线的历史条件下，在武汉亲自领导和组织起来了一支革命文艺队伍，名为抗敌演剧队，直属当时军事委员会政治部第三厅建制，共有十个抗敌演剧队，四个抗敌宣传队和一个孩子剧团。周恩来同志以共产党代表的身份，参加了政治部的领导工作。

四幕话剧《最后一幕》由兰光编剧，1958年由中国青年艺术剧院首演，讲述的就是一支“抗敌演剧队”和国民党反动派巧妙斗争的故事。这支“抗敌演剧队”名义上属于国民党的国防部，实际上是受地下党的领导。自成立开始，就坚持在“国统区”与国民党反动派进行着曲折复杂的斗争。十年以后，1947年的北平，内战一触即发，这支演剧队为了配合革命形势，公演了极具现实意义的话剧《一家子》，被国民党政治部的胡主任以剧本有问题为由禁演，并且派了亲信向世仁来做新的演剧队队长。向世仁秉承胡主任的命令，强令演剧队演出“戡乱”戏，以达到破坏地下党的活动和把演剧队纳入反共宣传行列的目的。“演剧队”中以应放、白静娴为首的地下党员，坚持革命立场，团结全体队员，以巧妙的斗争，粉碎了敌人的阴谋。剧中虽然周恩来同志没有出现，但是演剧队收到了周恩来同志的关怀和命令，这就像太阳，温暖着所有演剧队队员的心，并为他们指明了方向。全队人员终于冲破重重封锁，安全撤回解放区。

既然是宣告复活的作品，那么全剧自然都是由电影学院的老师们合作完成。导演是张客和唐远之老师，他们在解放前就是演剧队的成员，对演剧队的生活再熟悉不过。我在剧中饰演男主角应放，苒苒饰演蒋暇。

话剧《最后一幕》定妆照　1977 年

排练条件很艰苦，当时的北京电影学院只剩下小西天的一排小教室，我们就在里面排练，除了一点桌椅板凳外什么都没有。冬天，天很冷，屋里没有暖气，只能自己烧煤炉，烟雾缭绕，得先把门窗打开放半天烟，然后才能进去，即便如此，仍然时不时被呛得咳嗽。

话剧《最后一幕》剧照　1977 年

排练演出没有经费，全院的老师都动员起来，想尽各种办法，舞美灯光都是院里的老师傅们，以极大的热情，义务奉献。我们演员也一样，即使环境条件艰苦，也挡不住我们对复活的激动和对表演的渴望，仅仅二十多天，这部四幕话剧就排练完成。

经过了“文革”十年，舞台上不论是话剧还是戏曲，表演都是夸张过火的，台词基本靠嚷，如果嚷的声音不够大，他们会说我们没有革命激情。现在一切都要拨乱反正，我们也有机会将自己对话剧表演的艺术主张付诸实践。总结起来，最关键的一点就是松弛和生活化，在规定的戏剧情境下，我们尽量做到生活里的动作语言应该是什么样子，在舞台上就是什么样子。比如生活中两个人对话，绝不会用朗诵一样的特殊腔调，所以我们的表演也不要拿腔拿调地说话，不要有“表演”的痕迹。

不论影视还是戏剧，都希望观众能够在欣赏情节、人物和矛盾冲突中获得艺术享受。如何达到这个目的？实践证明，越是努力想“演”得让观众注意这些因素，效果只会越差。我们希望的最终舞台呈现，是营造出自然真实的氛围，然后用松弛、不使劲的表演，让观众融入这个戏剧情境，感同身受，进而和我们达到感情共鸣。

秉持着这样的创作原则，在大家的共同努力下，1977年年底，《最后一幕》在小西天剧场公演。这可以算是“文革”以后戏剧舞台上刮起的第一阵新风，看了十年样板戏的观众，纷纷涌进剧场，场场爆满。我们用自然的台词、真挚的感情，感动着观众，同时也感动着自己。十年了，我们回来了，回到北京，回到舞台，以北京电影学院的名义，演我们自己的话剧。一路走来，其中辛酸冷暖，难以道尽。

随着《最后一幕》的影响越来越大，小西天剧场已经不能满足观众的观看需求，我们又班师人民剧场，仍然场场爆满，最后连续演出56场，可谓北京剧坛难见的景象。中央电视台特意到现场录制，1978年年初，春节，通过电视向全国播出。让我们没有想到的是，邓颖超同志也在家中观看了这部剧，给我们打来电话，说她很喜欢我们以这样的形式表现总理，然后又特别让秘书给我们来了一个长长的电话，勉励我们。

话剧《最后一幕》全体人员合影
前排左七起：海音　唐远之　张客　赵丹　张瑞芳　钟敬之　欧阳儒秋　李慧颖　刘绍荃

《最后一幕》公演结束后，北京电影学院重新开始招生，1978年9月1日，我们在农学院的礼堂里举行了开学典礼。我代表教师上台讲话，看着台下坐着的171名新生，再看看那些刚从干校农场回来不久的同事们，想想电影学院和我们这些人十年来的命运，百感交集，准备了许久的话被我说得语无伦次。“我们……在小西天的芦席棚里招生，今天……又在农学院的礼堂里开学，我们缩成中央五七艺术大学电影班，小西天的旧院址已经几易其主，可我们还是开学了……”说完这些，我已经泪眼模糊，语不成句，耳边轰鸣的是台下经久不息的掌声。

鉴于《最后一幕》的受欢迎程度，看到很多观众都给我们来信来电，表示很喜欢我们表演话剧的风格，于是在招生工作结束后，我们考虑接着再排演一出话剧，由苒苒编剧，创作了《这不是戏》。

在1978年，什么样的人可以称得上是“英雄”呢？“经历十年动乱，国家百废待兴，那些仍不气馁，坚持在自己的本职工作岗位上，不浪费时光，为人民为祖国做出自己应有的努力的人们，就是当下应该歌颂的人们。”《这不是戏》就是歌颂这些平凡英雄的作品。

归国华侨麦文辉是一个建筑师，经历了“文革”，仍然坚守着自己的事业，妻子与他并非志同道合，分居多年最终离婚，多年前的恋人孟郁现在是一名医生，运动中麦文辉为了保护她而提出分手，却使孟郁深受伤害，多年来同处一个城市却从未见过。面对想带他回香港的姐姐，他坚定地选择留在祖国，继续他的建筑事业。经过十年的磨难和伤痛，有的人能在痛苦中挺立起来，如麦文辉，有的人却沉默了，放弃了，把过去的理想和追求淡忘了，如孟郁。当麦文辉和孟郁再次见面时，所有的感情只能苦苦压抑，对孟郁放弃专业理想又心痛不已，一直关心着他们的秦老师又因心脏病而离世，各种情感激烈碰撞，最后面对孟郁的“难道我们应该承受这些年的磨难吗！？”麦文辉终于说出这样一番话：

“所以我相信，人民不允许这一切重演，绝不允许。但正因为我们是人，我们有思想，我们才更应该懂得怎样去生活，去斗争。像秦老师那样：不以物喜，不以己悲，为人民度过自己的一生。”

在麦文辉的感染下，孟郁终于开始正视自己的人生，重新拿起专业书，拂去尘土，迎接新的积极的生活，而麦文辉和她的感情，也似乎能有一个光明美好的未来。

这部话剧的所有演员同样全都是我们电影学院的老师，我饰演麦文辉，苒苒饰演孟郁。创作之初，我们就想秉持着《最后一幕》的表演风格，用真实、生活的表演打动人，用真切的感情感染人，要塑造一个个活生生的人。

话剧《这不是戏》剧照：隐忍的互望

话剧《这不是戏》剧照：美好的汇合

在“文革”的艺术作品中，一个人物，好的就是好的，坏的就是坏的，简单得近乎“粗暴”，而现实生活中，人其实很复杂。麦文辉不是一个完美的人，不是祭坛上的人，他是普通人。他年轻过、幼稚过，甚至犯过错、走过弯路，但是他没有丧失信念，即使生活和感情让他痛苦，他也从来没有丧失对生活、理想、事业的追求。塑造麦文辉这个人物，关键在于演出他复杂的思想感情，这对我来说有便利条件，因为演员都是同事，彼此很熟悉，饰演孟郁的又是苒苒，我们的对手戏演起来就更容易“相信”，沟通交流也很顺畅。排练中，我们就为了表现麦文辉和孟郁的各种复杂情感设计了一系列的细节。比如在孟郁家中，昔日同学聚会，麦文辉和孟郁见面，他们应该是想念又克制、感情澎湃又隐忍的。我们举杯互望，特意有一个停顿，彼此无言，眼神交汇，虽然没有台词，但此时无声胜有声，一下子就把麦文辉和孟郁隐忍的感情表达出来了，而真挚浓烈的感情和生活真实的情境最能动人，我们让观众一起为这份感情唏嘘。等到最后一幕，麦文辉与孟郁终于达到了心灵的契合，所有矛盾得以解决，他们也将迎来美好的明天，我们依然不用台词表达，而是分别从舞台两侧慢慢走到舞台中央，一直深情地望着对方，最后汇合，大幕拉上，观众的掌声响起来，这对观众来说，是一个美好的充满希望和想象的故事结局，而对于我们演员来说，则是一次堪称完美的表演体验，获得了与观众交流和与对手交流的双重满足。

《最后一幕》、《这不是戏》是我们用表演宣告北京电影学院的复活，宣告我们的复活。剧中，应放带着全队成员成功奔赴解放区，麦文辉和孟郁迎来了美好的明天，而台上的每个人，也都期盼着属于自己的艺术上的光明未来。

二、而今迈步从头越

反思　探索　新尝试

1980年，时间进入一个新的十年，新的年代。马路上经常能看到青年人穿着喇叭裤戴着墨镜，哼唱着摇滚，高谈着文学、艺术，整个社会好像在经过了十年的压制之后，突然爆发了对文化、对艺术等等的渴求与探索。文学界，作家们都在探索如何从“文革”作家转型为新时期作家，伤痕文学、反思文学、改革文学纷纷出现，究竟什么才是真的文学？引发了一代人的思考。

思想解放，文学界是先锋，而此时的电影界，也开始了“丢掉戏剧的拐杖”（白景晟，1979年）、“戏剧和电影离婚”（钟惦棐，1980年）、“让电影从舞台框里解放出来”（陆建华，1980年）、“用电影表现手段完成的文学”（张骏祥，1980年）、“‘电影的文学价值’质疑”（张卫，1982年）等一系列回归电影本体的讨论。电影是什么？电影的社会功能是什么？围绕这些问题，电影人们展开了多种多样的探索和尝试，最终，20世纪80年代的电影呈现出严肃创作、商业娱乐创作和主旋律创作三足鼎立的态势。

从《风从东方来》到《金光大道》，我经历了50年代到70年代这三十年的电影发展历史。现在进入80年代，我已经年逾不惑，但那十年里一直被压抑的创作愿望和激情急需释放，面对理论界的探索声音和各种实践机会，我也振奋了精神，准备迎接新机遇和新挑战。

1980年，同学赵海夫找到我，带来一个电影剧本《叛国者》。该剧讲述了1975年夏，祖国西南边疆某地蛇灾蔓延，军民、畜禽时常罹难，旧蛇药突然失效，急需新的对症解药。蛇学家、归国华侨牛玉声奉命率领一支考察队急赴灾区。经过调查研究，牛玉声认为，一种黑眼镜蛇就是考察队需要觅寻的新蛇种，其毒液是研制新蛇药的原料。他建议考察队去国境线附近寻捕。考察队成员的身份很复杂，牛玉声曾经被打成右派、“特嫌”，助手李均受命暗中监视牛玉声，对牛玉声的一举一动都抱有怀疑和警惕。李均的恋人田甜，是一个纯洁、开朗、活泼的姑娘，担当了考察队的向导，她本能地亲近牛玉声，不满李均对他的监视。某日，牛玉声追踪黑眼镜蛇至国境界碑处，李均以“叛国者”的罪名将枪口对准了他。田甜气愤不已，断然与李均分手。为了研制新蛇药，牛玉声说服李均，得以继续工作，在与毒蛇的搏斗中眼睛受伤。田甜愤然砍死了毒蛇。牛玉声为失去这条活蛇而严厉批评了田甜。在送他去医院的途中，田甜为了弥补自己的过错而跳车前往森林找蛇，当牛玉声被医生救治时，才发现主治医生竟然就是当年自己被迫离开的妻子田芳。牛玉声得救了，同时知道了田甜就是自己的女儿。此时，田甜被毒蛇咬伤，正晕倒在森林里，牛玉声及时赶到，把她救起，并生擒了毒蛇。新蛇药研制成功，牛玉声一家团圆，可惜幸福只有短短的一刹那，李均奉命来逮捕牛玉声，他只来得及对妻女说：“等着我……”

因为我又高又瘦，本身又是知识分子，所以摄制组认为我演牛玉声很适合。剧本本身也很吸引我，故事情节跌宕起伏，很有意思，而牛玉声这个人物也相当鲜活。“文革”中，不论是《艳阳天》还是《金光大道》，电影里充斥的都是正面和反面的阶级斗争，没有什么感情的内容和表现，而这个剧本看来，里面对牛玉声的各种复杂情感都有表述，这就能让人物形象以及人物之间的矛盾冲突显得更为真实可信，同时，我也看到了艺术创作在“文革”以后的拨乱反正，心里跃跃欲试。此时我正演着话剧《这不是戏》，若要演这部电影，那么就必须打断《这不是戏》的演出，这让我至今仍很遗憾，但是能演一部电影的主角毕竟是一次机会，于是我答应了他们的邀请，同时带了两个师资班的学生去组里实习。

按照我的创作习惯，要尽快解决自身与“角色”之间的矛盾，所以接下剧本后，首先要做的除了案头研究剧本以外，就是体验生活。牛玉声是一位蛇专家，我就提前来到四川，找到一位真的蛇专家赵尔宓，跟他学习关于蛇的知识，包括怎么识别，怎么捕捉，怎么防范等等，对一位野外科考人员的工作和生活状态都有了了解。

除了在身份、职业特点上完成自我到角色的转换以外，在拍摄前，我还需要对角色的时代背景、性格特征、与周围人物事件的关系等方面进行理性的分析和感性的认识，方能最终完成从“我”到“牛玉声”的转换。亲身经历过反右和“文革”，我目睹了很多牛玉声这样的人。他是归国的科学家，有学识、有情操、有理想、有追求、有报国热情，是社会的精英，内心的充实让他勇敢而强大。面对小人的诬蔑，他不妥协，坚信“母亲总会相信自己的孩子的”；面对深爱的妻子女儿，他是温柔深情的丈夫和父亲，为了保护她们，他可以选择忍痛与她们长久分离，独自面对未知的命运。当被李均拿枪对着，当成叛国者时，他愤怒、悲伤，却不屑于解释更不会退缩，不允许任何人和事打断科研工作。而整部影片中，他会不时回忆起过往的生活，幸福的、甜蜜的、风雨交加的。这些回忆在被监视被怀疑的情境下，显得那么残酷。他是个勇敢的、感情深沉的人，会欢笑、会流泪、会愤怒，但绝不会自怨自艾和自我可怜。有了这些把握，牛玉声这个人物应该如何表现，在我的心里已经有了预设的底稿。

电影的拍摄地是在云南的西双版纳，导演是张其昌，剧中演员配置很好，饰演牛玉声爱人的是著名演员俞平，她和苒苒是很好的姐妹，我们之间相当熟悉，她如我的小妹妹一般，所以跟她一起演一对夫妻没有什么心理障碍。饰演田甜的是娜仁花，那时她刚16岁，青春活泼，演我的女儿也很合适。张其昌是翻译片的导演，对于故事片，导演经验不足，但是全组都很团结，我和俞平因为年岁长，拍片多、经验也多一些，会提出一些建议，导演都能虚心接受，沟通也很顺畅。每天我们都要开分镜头会，这和“文革”期间的工作不一样，那时是工军宣队逼着我们开会，现在，是大家秉着一腔创作激情，为了让电影更加出色而自觉开的创作会议。对下一个镜头该怎么拍、怎么表现，演员该怎么表演等等问题我们都各抒己见，大家在集体创作中互相激发，往往能有闪光点出现，这也是《叛国者》这部电影最后能够成功的重要原因。

这一时期，电影和其他艺术门类的创作都有一个主题，那就是反思。反思“文革”中的种种做为，反思人性，同时也反思着艺术创作的规律和方法。《叛国者》也是这样一部充满了反思的作品。牛玉声的所有遭遇，只是那个时代的一个缩影，影片对他给予了肯定和赞颂，对于造成他痛苦的根源给予了否定和批判。最后虽然看似李均他们占据了上风，但牛玉声深情地说的那句“等着我”，声音不大，却充满了信心，这对于刚刚走过那个时代的观众来说，具有莫大的心理冲击的同时，也带去了安慰。

除了思想主题上的反思，拍摄和表演上亦如是。“文革”中，正面人物即仰拍，反面人物即俯拍，所有“戏”都靠台词说出来，人与人之间也没有什么感情交流，而现在，我们的表演可以“正常化”了。

剧中，牛玉声和田芳有很多感情戏，台词不多，只关键的几句，如何让感情真实感人，全在我们的表演。万变不离其宗，想要让戏中人的情感感动观众，首先演员自己要入戏。比如站台告别那场，离别来得太突然，虽然做好了心理准备，但真到分别的时候，牛玉声应该是强烈的悲伤和不舍的。可他不是那种懦弱的男人，他的表达，只是微微颤抖哽咽地问：“怎么不说一声就走？”然后看着孩子叫爸爸，他也只能说：“田甜乖，跟妈妈走，妈妈喜欢你。”我此时的语气和表情，应该把这样一句潜台词传达给观众，那就是“爸爸也喜欢你，但是对不起，爸爸不能跟你在一起。”等到火车开动，我紧紧握住俞平的手，眼睛里全是深情和不舍，千言万语只化作两个字“保重”。火车越开越快，这一次分别不知道是不是永远，不，让我再看她们一眼，于是我解开外衣，跟着火车飞奔起来，再次抓住俞平的手，但终究赶不上向前的车轮，最后只能放手，颓然站在站台上，看着火车轰隆远去，仿佛是从我心里碾压过去一样。这又回到了当初我们学到的表演理论，所有的细节和动作，都源于自己内心的感情，一切行动都有了感情逻辑，这样的艺术表现和处理，自然就能营造出隐忍的悲伤氛围，相信经历过离别的人们，看这场戏的时候，都会被感染。此外，剧中牛玉声有很多段的回忆，每段回忆开始或结束时，我的表演都不一样。比如，回忆自己刚回国，下飞机第一次见到田芳后，画面切回雨林中，牛玉声是不自觉幸福微笑的。到后面因为“特嫌”不允许他去边境，他躺在草坪上抽着烟，看着白云回忆起自己和田芳的恋爱与婚姻生活，回忆里是幸福的，现实则是充满了怀念和伤感的，但是他没有任由伤感击垮自己，回忆结束后，用一个仰拍镜头，在蓝天映衬下，牛玉声变成一个剪影，然后坚定地站起来，迎着太阳，勇敢地继续向前迈步。这些表现手法，也极好地表现了牛玉声这个人物的多面性，让他更加生动起来。

拍摄过程中，剧组里发生的故事不少，有摄像牛汉把水管子里的响动听成老虎来了这样的段子，也有俞平烫伤了脚还坚持带伤拍摄这样感人的事迹，发生在我身上的，则是两次历险。一次就是拍追火车那场戏时，我不慎掉下站台，幸好有惊无险，还有一次，就是拍摄徒手抓眼镜王蛇的那场戏了。

剧中有这样的情节，牛玉声徒手抓住一条眼镜王蛇。我们从广西买来一条“小蛇”，身长五米六，全组人都极为害怕，因为那是剧毒的蛇，咬上就会没命。幸好那位蛇专家赵尔宓也跟随进了组，他指导了我好几天。到了拍摄的那一天，导演、副导演、其他演员全跑了，现场只留下了赵海夫和聂铁锚两位摄像，赵尔宓拿着根小电棍在一旁保护，主角当然是我了。我也害怕啊！那么大一条眼镜王蛇，没有经过任何处理，因为如果把它的毒液引下来，那蛇也动不了了，所以这蛇的毒牙毒液俱在，行动速度极快，随时准备攻击，我就是个演员，怎么会不害怕？可是害怕也得拍呀，没办法，吓得浑身是汗，让学生陈鲁找了瓶五粮液，喝了得有七八两来壮胆。等到喊完预备开始，机器转起来了，那蛇立起来，盯着我，我也盯着它，都不动，就陷入对峙，摄像急了，喊着：“马老师您打它啊！不然我们怎么拍？”这一

电影《叛国者》剧照

下更恐怖了，可是不能浪费胶片啊，我只好硬着头皮去打那条蛇，最后总算那条蛇给面子，没有过多折腾我，一本胶片没拍完，这个镜头就完成了。当年的《大众电影》甚至外国杂志都对这个镜头的拍摄大肆报道，这可能也是我演戏至今最惊险、最艰难的拍摄经历了。

从80年代中期开始，中国电影的性质和运作体制都发生了重大改变，电影生产已经逐渐脱离政治影响，而成为与政治息息相关的经济行为。从此，经济效益成为电影拍摄和制作颇为看重的方面，“娱乐片”这个词语正式出现。电影究竟是用来高台教化还是用来娱乐的？自“左翼电影”开始，电影的娱乐功能就受到压抑，到了“十七年”和“文革”时代，我们拍电影的口号是要为无产阶级的思想政治服务，全是主题先行的作品，直到改革开放初期，娱乐片才作为“题材样式多样化”中的一类片种出现。此时的娱乐片与现在的所谓娱乐片还不同，我的认为就是，那时的娱乐片追求的是不要政治主题，要拍大家喜闻乐见的题材，说白了，就是要让观众看了高兴。

1988年，比我低两届的同学韩小磊找到我，他也要“探索一种娱乐片的新形式”，请我去主演他执导的电影《行窃大师》。拿到剧本一看，故事编得很离奇，说的是一个魔术大师王手的故事，剧本共有两条线索。王手的师门会隔空取物的本领，所以祖训不得用手艺偷窃害人，王手因为这条祖训把徒弟白洁生逐出师门，可是谁也不知道他自己心里压着的“原罪”。十五年前，因为“文革”，他带着养女来到此地，为了不饿死，为了养女能活命，他偷了一个大学生的45块钱。等他再次来到此处，一心想要还钱，洗刷自己的罪恶感，却不想引出了另一个家庭的情感公案。另一条线索，就是日本人觊觎中国国宝，用计从博物馆偷走了杂技俑，并且杀害了馆员。为了拿回国宝，王手再次违背祖训，从日本人手里将国宝偷回。最后，以王手自毁双手求得自我心灵救赎为故事结局。

这明显是一个娱乐片了，里面包含了侦探、武打、感情纠葛等诸多元素，都是时下观众们想看、爱看的，我正在考虑要不要也“探索”一下，韩小磊又说了一句话：“师哥，咱这个戏就是敞开了拍，你爱怎么演就怎么演，我不局限你，咱们就图个高兴！”这就对我有莫大的吸引力了，可以让我敞开了演，对于演员来说这是很过瘾的事。

影片的拍摄地点主要选在成都、重庆、西康等地，饰演我养女的是梁丹妮，饰演徒弟白洁生的是许亚军。虽然是打着娱乐片的旗号，但并不表示就可以让人物简单化，只要突出好看就行，所以我仍然按照我的艺术创作方法和习惯来准备人物。首先我要跟着杂技团学习魔术，影片中那些类似徒手抓飞弹等神乎其技的魔术都是后期用特效做的，但是变花变绸子这样的基础魔术都是由我真实表演的。然后便是分析人

电影《行窃大师》剧照

物。还是那句话，任何一个人，都是多面性的。王手在台上是受人追捧的魔术大师，在台下是威严的团长，对白洁生，他恨铁不成钢，对养女高晓莉，则充满了深沉的父爱。此外，还要突出一点，就是王手是一个正直善良的人，他心里被那偷来的45块钱压得透不过气来，这一份沉甸甸的罪恶感十五年来一直在折磨他，所以我把语音放得低沉，平常总是眉头微皱，心事重重的样子。而等到王手终于鼓足勇气面对过错，愧疚着忐忑着将那45块钱还给“失主”以后，十五年的包袱终于摆脱了，下楼时我脸上挂满了释然、开心的笑容，这一刻的王手看起来才是轻松的。另外，在片中，王手还是一个身手不凡的侠客一样的人物，在面对日本人派来的摩托杀手时他临危不惧，为了达到“好看”的目的，导演设计了让我一纵身就能贴到房顶上，一跺脚就能上二楼的“特殊本领”，被捆在柱子上杀手用木板劈我的脑袋，我也得做到面无表情，以突

电影《行窃大师》剧照

出王手的硬汉形象。

我的表演和导演的要求还是很默契的，我演得很自由，放得开，过足了戏瘾，导演也满意，韩小磊还专门在片中设计了王手会书法篆刻的桥段，把我的一些特长也都运用得当。只是他为了吸引观众眼球而有的一些想法设计，被我“扼杀”了。作为娱乐片，剧中设计我会神奇的魔术，甚至武功高强，加入武打、飞车情节，摩托杀手要撞玻璃，四川还没有人会做糖玻璃，只能用真玻璃来拍，我们担心那个演员的安全，但也壮着胆子就拍成了。这些都可以，本来就是为了好看么，玄乎一点没关系。可是导演还想要我和养女之间有些什么暧昧关系，这个我就感觉不太好，再娱乐也要注意一下影片对观众的导向作用，于是跟韩小磊提出来，他接受了我的意见，做了修改和调整，可成片里，这两个角色之间好像还是会萦绕若有若无的暧昧，虽然我自己还是觉得别扭，但导演的构思演员也是要绝对尊重的。

《行窃大师》上映后，观众极为喜欢，因为这部片子里的很多从商业角度出发的桥段和噱头满足了观众的猎奇心理，甚至很多观众给我来信，问我被那几个“杀手”打得疼不疼。由此可见，韩小磊是一个敢于探索、善于探索的导演。

我一生爱喜剧，一直希望能演出一部喜剧影片，可惜这个愿望至今没有真正完成，但我在电影里曾经饰演了一位喜剧表演大师，这部电影就是《悲喜人生》。

《悲喜人生》是内蒙古电影制片厂于1991年拍摄的影片，导演是一对夫妻，塞夫和麦丽丝。影片主角周枫，是一位深受观众爱戴的喜剧表演大师，在舞台上，他给观众带去欢笑，忘却自己的痛苦，但是鲜花和掌声背后，他面临的是对他不满的妻子、想要出国走自己的路的儿子，天天盯着他的记者以及要夺去他的艺术和人生的喉癌。做完手术后，他失去了声音，却不甘离开舞台，仍然探索着能重新演出的方法，不想在即将成功前夕，他却永远地离开了。用“悲喜人生”这四个字来概括周枫的一生，再准确不过了。剧中周枫的表演是喜剧的，他与周围人的关系和交往也透着一点喜剧因素，但最终，这是一个悲剧，按导演的话来说，这部影片是“喜剧的氛围，悲剧的内核，悲喜交加的故事”。

我在剧中饰演周枫，这个人物的悲和喜对比很强烈，特点把握比较容易。按照导演的要求，我要把悲与喜的体验把握在分寸之中，不能故作滑稽和故作深沉，表演风格要生活化，人物发展要有节奏和变化。我的理解中，舞台上的周枫是外放、幽默的，因为他是喜剧大师，在他最钟爱的艺术里燃烧自己的激情，下了舞台，他就是个普通人，到家门口也不愿意下车，因为家里没有温暖，可造成这个后果的恰恰是他自己，他不会责怪妻子的不理解，他爱妻子儿子，却也要承受这样的冷漠。所以，即使是影片的前半段，周枫在生活中都应该是少言寡语和内敛深沉的，只在盘山路上冲着远山大喊“为什么要我变成哑巴”时才任由自己的感情宣泄外放。至于影片的后半段，周枫的声带被摘除，所有表演就全靠我的眼神、表情和肢体语言了。周枫在艺术上，经历了从绝望到奋起再到看到希望，生活上，也试图挽回妻子的感情，可他的尝试最终无用，只能以一个在楼上看着，一个在楼下喝着酒的状态来生活。周枫这样复杂的内心世界，需要不靠语言也能表现，这对演员来说固然是增加了表演难度，但更是一件极快意的事情。

片中演我的搭档林山的，是著名相声表演艺术家侯耀文，饰演我妻子的是黄梅莹，饰演我的儿子的，就是我的儿子马川。整个剧组相处得相当融洽。我和侯耀文认识得很早，“文革”以前，我就曾前往侯宝林大师家，请侯大师给我们表演系的学生讲座，侯大师很谦虚，说给专业的学表演的学生讲座，他不太好意思，后来听我说是专门请他讲授怎么运用语言，他才答应。其实，侯大师和周枫有点相像，在台上都是给人带去欢乐的表演艺术家，现实生活里都是严肃深沉的人。现在我又和侯耀文合作拍电影，这就更与侯家结下了不解之缘，到现在，我们老马家吃的炸酱面，都是侯耀文亲授的侯氏炸酱面。

这是侯耀文第一次接触电影，最初拍摄时，导演一喊停，他感到奇怪，上来问我："马老师，您怎么不演哪？"我就笑，告诉他："我演完了呀，拍电影和舞台表演不同，要生活化，生活里什么样电影里就是什么样，不要过分夸张。你也要这样演电影，不能老想着抖包袱。"事实证明侯耀文是个很聪明的人，他很快就能体会到电影和相声乃至舞台表演的不同，最后出色地完成了电影拍摄。我们还合作编写了很多小品，作为周枫和林山的表演节目，这让我过了一把喜剧演员的瘾，平常没有机会尝试和演出的喜剧小品，我在电影里演了个够。不过影片一开始的那个小品剧，给我累得够呛，我要在儿童剧场的舞台上不停地跳舞，因为人数众多，摄影机的跟摇很难准确把握，所以拍了一遍又一遍，我当年也是54的人了，这个镜头对我来说真是有点难以承受的"体力劳动"。

《悲喜人生》的两位导演很有意思，麦丽丝曾经在电影学院学习过，跟我比较熟，她和爱人塞夫在导演方面是互补的，麦丽丝细腻、准确，但有点刻板，兜里永远揣着分镜头的一把小纸条，塞夫则是灵活有创意的。他们两人的意见总是不统一，所以我们演员的休息时间很多。一看，两位导演为了下一个镜头怎么处理又争起来了，我就拉着侯耀文躲一边抽烟去了，两根烟抽完，这边导演还争着呢。

导演的认真态度始终让我很感动，这部影片，虽然在剧本方面还有可商榷的地方，对人物命运的表现和挖掘略显肤浅，但编导的创作意图很可贵，是一部具有一定社会效益和经济效益的影片，也是我对于喜剧表演的一次新尝试。非常令人难过和遗憾的是，塞夫导演在前几年因病离开了我们。

碰　撞

1989年，青年作家苏童写了部小说《妻妾成群》，1990年，张艺谋将这个小说改成了电影，就是后来赫赫有名的《大红灯笼高高挂》，邀请我出演男主角，老爷陈

电影《大红灯笼高高挂》剧照

电影《大红灯笼高高挂》工作照

佐千。

我阅读了小说后，对原著里的老爷形象不太喜欢，因为那是一个猥琐肮脏的旧社会封建大家主，我不太愿意演这样的人物。但张艺谋说，剧本已经把故事改了，陈佐千已经不是原著中的模样，然后给我介绍了演员阵容，这样的班底和大制作，机会确实很难得，我便拿着剧本来到太原。

最初的剧本其实并不成熟，张艺谋很认真，集合所有主创人员，在一起讨论剧本、研究人物整整15天，才正式开拍。经过讨论和修改，陈佐千的形象基本定位好了，我需要演出一个气势威严的老爷，他是封建大家长，是这个大院里的绝对权威，对待女人，他是俯瞰的，这些女人他都喜欢，但也都是他的玩物，所以我的表演分寸要拿捏到位，要有高高在上的感觉，也要有理所应当的味道，坚决不能让人感觉他猥

电影《大红灯笼高高挂》剧照

琐。见四夫人的第一场戏，我们拍了一整夜，就是反复寻找最适合老爷的表演风格，最后我的把握还是比较准确的，即使是“我就为看得清清楚楚，才点这么多灯，亮亮堂堂的多好！”这样的台词，我也表现得语气平稳，语音低沉，“你就是我的”这样理所应当，这才是威严的、习惯被女人仰仗鼻息的陈佐千该有的气质。面对四位夫人，陈佐千的态度也是不同的，我对人物做了深入剖析。比如二夫人给我按摩那场戏，我就分析陈佐千与二夫人是多年夫妻了，此时已经没有多少宠爱，但是知道二夫人真心对他，也比新来的四夫人更了解他，两人在无言中有诸多默契，此刻我来到她这里，不过是为了无视四太太的“跋扈”，也为了平衡四房太太，无奈来这里寻找一些安慰罢了。这样这一场戏演起来，人物刻画就很到位，我和曹翠芬的对手戏也很顺畅。除了深入分析人物，肢体语言上我也下了功夫。片中有两段我的背影戏，第一段，是我听说四太太怀孕后兴冲冲往前走，步伐是轻快兴奋的，一口气走过三进院子。第二段，就是在知道四太太假怀孕后，我在屋里斥骂四太太，最后从屋里走出来，愤怒地喊着“封灯”，然后快步走出院子，这次的步伐是沉重和暴怒的。拍摄时路的两边埋伏着好几十个话筒，我仗着身体精悍敏捷，噔噔噔大步流星地走过去，后背带着戏。张艺谋看录像时十分满意，“老爷的气度一下子就走出来了！”

剧组中有很多我的学生，饰演二夫人的曹翠芬和饰演雁儿的孔琳都是我直接教授过多年的表演系的学生，合作起来自然亲密无间。张艺谋是北京电影学院78级摄影系的学生，算起来也是我的学生。拍摄过程中，我从张艺谋身上学到了很多。首先，就是他对艺术追求的执着，不达目的绝不罢休。片中的点灯、捶脚、封灯等一系列的规矩，其实都是张艺谋的创造，为了营造好大红灯笼高高挂的画面感和环境氛围，灯笼就换了三批。第一批时，我们看着已经够气势磅礴了，他还是觉得太小，显得小气，于是换第二批，够大了，他让点着了看，还说不行，火苗太小，不够亮堂，又想办法换上灯泡，还得看起来像是火光，劳神费力，不计成本。虽然这部戏有港台投资，但是张艺谋没有把电影拍成商业片，他还是按文艺片来拍的，画面构图上要求平衡对称，很考究，摄影师赵非现在已经圈内闻名了，他对拍摄的密度、曝光、色彩都掌握得极为准确。后来看成片，我心里其实觉得有些过于压抑和沉重了，但是张艺谋很满意，这或许就是他和我们这代演员、导演的不同，认定了自己的艺术感觉和目标，就自信地去追求，即使极端也无妨，让我看了也不禁想象自己下次导演作品时是不是也可以这样执着一下，不管他人怎么看，只为完成自己的艺术追求。

还有一点让我印象深刻的，就是张艺谋的认真。我也认识、合作过很多导演了，发现但凡成功的大导演们，认真都是他们的共同特点，张艺谋也如此。那时拍摄已经有实时录像了，每天晚上，他都把我请到他的屋子里去，看白天拍摄的录像，问我觉得哪里不好。开始我还会提出来哪哪处理得不好，结果第二天所有觉得不好的地方他都要重新拍，后来他再问我，我就说“好！”不敢再说不好啦，全组因为我一句不好就这样耽误着怎么行！张艺谋对演员都很尊重，但也要求严格，要求表演绝对生活化，不许夸张过火，差一点都要重来，绝不放过。这样认真的拍摄，对我们来说是折磨，但是结果很好，正所谓有付出才有回报，我被他的认真感动，这样拍出来的电影就是应该得奖的。

除了导演以外，剧组的其他演员也都非常出色。巩俐的演技就不用说了，仅影片开头她那个镜头就能说明她的优秀，面无表情是演员最害怕的表演，她却能通过眼神、泪水把一个少女绝望的内心展现得淋漓尽致。那时她已经是很红的演员了，一些演员走红以后的做派我见得多了，开始还担心巩俐这颗明星是不是也会那样，结果一接触发现完全不是。她不仅有表演才华，还对自己要求严格，若一个镜头里她自己觉得感情表达不准确了，哪怕别人都说好，她也会要求重来一遍。她还很善良，心疼大家工作辛苦，乔家大院的拍摄地有一间屋子里有口大铁锅，她只要有戏，来到片场，就会带来一大包红枣，然后在铁锅里放上糖熬好，分给全剧组的工作人员吃。何赛飞

电影《大红灯笼高高挂》剧照　周琦饰演管家

那会儿刚从戏曲界跨到影视界，表演上还带着戏曲范儿，导演和我就会启发她，她极聪明，点到就能做到，很快就适应了电影表演的要求。她还是极有想法的演员，对于三太太这个人物，她有自己的看法和分析，都很对。何赛飞是越剧演员，可剧中要求她唱京剧，专门从太原找了京剧演员过来教她，她很刻苦，这个表演她也成功完成了，并且唱得像模像样，韵味十足。曹翠芬演戏是非常有分寸的，跟四太太的矛盾都是走心的到位的表演，不过火。饰演管家的周琦，表演太绝了，他是总政话剧团的优秀演员，他演的这个管家，身份是卑贱的，但又能演得很有存在感，分寸拿捏的功夫很厉害。

这部电影的故事说到最后，免不了要说说我的镜头被删减的那段“公案”。当初接拍这个戏，我是绝对男主角，演的时候，也全程是双机拍摄，每一批样片我都看

电影《大红灯笼高高挂》剧照

电影《大红灯笼高高挂》工作照

了，我的特写、中景、近景、小全景等等都有，形象和表演都很好，我还挺得意，没有在学生面前丢人，演得很到位，威严而有力度，张艺谋和所有演员都很满意。但是拍摄到最后阶段时，导演说不会用我的特写甚至近景，为此苒苒在电话里还和艺谋说："至少要在影片的最后让观众看到老爷长什么样吧？"但显然他还是坚持了自己的观点。最后剪定的影片一看，我的所有正面镜头都被删掉了，留下的除了大全景就是后背。自己花了那么大的心力，历时半年完成的表演，最后都被删了，任谁也不会高兴吧！当时有报道说，马精武老师明知道里面不会有自己的镜头也依然认真演完了这部电影。这都是他们演义的。张艺谋对这个问题的解释，是他想把老爷这个人物神秘化、虚化，完全成为一个符号式的人物，让观众去想象，让影片的意境更深邃和神秘。我深知一个影片的成败不在演员，演员只是导演手中的工具而已，我尊重导演的构思和艺术创作，最后的完成片确实也达到了他所说的那个效果，没有露面的老爷，还成了影片的一个商业卖点。以至于我后来去香港，好多记者都要过来采访，说想看看老爷到底长什么样。我理解张艺谋的想法，他毕竟是一个真诚的、有才华的导演，如果不是为了追求他想要的艺术效果，也不会这样处理我的镜头，因为拍摄过程中对待陈佐千这个人物的表演，他和我一样认真创作，为之辛劳，他不会无端做无用功。既然木已成舟，我也只接受这个结果。很多人说，即使我没露面，靠声音也能把人物塑造得很好，很见功力。那个时候拍片，也确实不是为了所谓的名利，现在想起来，不过是感叹一句一切为了艺术吧!

从《少林寺》开始，港台与大陆的合作影片开始进入观众的视野，一些港台的导演纷纷开始开拓大陆市场，徐克也是其中之一。我与徐克相识甚早，他有一个同学叫田长安，与我是好朋友，长安带着他来家中吃饭，我们对他的才气印象深刻。1991年，他要在北影拍《黄飞鸿》，因为我和北影厂很熟，就请我帮忙做些协调工作，马川做他的执行导演。苒苒经常做些好吃的送到片场，他也经常来家里吃饭，我们的交情就愈发深厚了。后来，他想把鲁迅先生的作品《眉间尺》改编成电影《铸剑》，请我推荐大陆拍古典片、功夫片有名的导演，并且给我360万的投资，请我当艺术总监。

推荐导演，我们第一个想到的就是《神秘的大佛》的导演张华勋。他是电影学院58级导演系的毕业生，后来被分到北京电影制片厂，做过崔嵬的助手。1980年他拍的《神秘的大佛》可以说是大陆娱乐片、功夫片的开先河之作，影响极大，甚至引发了论争。后来他又陆续拍了《武林志》等一系列功夫片，应该说他是我们能看到的比较有经验的优秀导演了，并且他的创作思想一直前卫，我们预估他应该能和香港的制作和投资公司契合。推荐很顺利，张华勋接下了这个电影，我除了要在剧中演楚王，还是影片的艺术总监，这个新鲜名词我还是第一次听，内地这边的所有演员和工作人员都是我组织好之后，把队伍拉到山东进行取景拍摄。

我演楚王这个角色应该说难度不大，拍得也很顺利，这个人物的行为逻辑就是他自己认为自己的决断和行为是绝对正确的，不能把他处理成一个单纯的坏人。古典剧和现代戏在把握人物的状态上也不同，现代戏表演都要亲切真实，可国王就很好演，要夸张一些，别人一跪角色的威严感很容易出来。

整个拍摄过程中，要管理好这个一百多人的剧组，耗费了我不少精力，同时，还切身体会到张华勋与徐克这两位文化环境、教育背景等等截然不同的导演之间存在的风格差异和碰撞。

张华勋虽然是思想前卫的导演，但毕竟是内地培养并成长起来的，与越南华侨、在英国学习过电影艺术的徐克比起来，还是显得规矩和传统。我至今认为，张华勋的拍摄没有错，他是按照中国古典戏的创作思维去进行的，看重影片的文化品格和震撼力度，要求把文化、场面和人结合起来，着力从环境、场景中找到贯穿的精髓元素，刻画人物形象和灵魂。比如全剧的秃鹫图腾崇拜就象征着楚王的权利，在剧中人物与楚王的权威产生矛盾时这个图腾就会出现并引发人物的一系列行为。此外，张华勋在环境选择、拍摄角度、场面调度、演员表演等多方面都下了很大功夫，力图营造出一种粗犷、幽远、深沉的氛围、节奏和色调。这些都是成功的，稍显不足的，就是张华勋的镜头运用不够灵活。等到片子粗剪出来，徐克来到北京，没想到他看了以后表示不太满意。

在徐克的想象中，鲁迅的这个作品应该拍得极有血性，从始至终都要给观众一个压迫感，现在的片子显得想象力不够，冲击力不够，于是自己亲自导演补拍，大概把片子修改了五分之二。

徐克的想象力超凡，脑子里的新奇想法层出不穷，拍摄的运动镜头相当多，运动的幅度都很大，几乎没有固定镜头。此外还用了很多两极镜头，可以从一个远景直接跳跃到一个特写，画面的刺激性和压迫性都极强。补拍的难度很大，因为演员的状态

电影《铸剑》剧照

与徐克在《铸剑》拍摄现场

与徐克、田长安在家中聚餐　2005 年

跟原片已经接不上了，两位导演对演员的要求也不一样，张华勋要求表演要规矩，夸张要有，但绝不会太多，徐克则是希望演员能演得夸张些。等到终于补拍完毕，和原片结合起来，有些地方还是能看见修改的痕迹。

过程虽然曲折，但这是两种文化碰撞时不可避免的问题，好在最后双方合作还是很愉快的，影片也获得了成功。当时张华勋的儿子张扬一直在组内协助导演工作，我观察到他很踏实、认真、从不多语，但我相信他一定从他的父亲和徐克那里学习到了不少东西，因而后来他能拍出像《爱情麻辣烫》、《洗澡》、《落叶归根》、《无人驾驶》等等这样优秀的影片。由他我也总结出来一条，年轻人无论在什么情况下，努力学习就是好样的。

《铸剑》拍完后，徐克和张曼玉来家里吃饭，问了一句我对香港的印象，我说还未去过香港，徐克就表示后面他的戏里有一个角色，让我去香港“玩一趟”，这玩一趟的戏，就是《青蛇》。

我在剧中要演一个盲道士。到了香港的剧组，我的心情是放松的，因为角色的戏不多，这一趟来香港真的是来玩的。可等看了剧本，我还是有点抓瞎。这是我从来没有尝试过的角色，徐克要求这个角色要怪诞，疯疯癫癫，完全要用夸张的手法来表现。演员要适应导演的不同要求，这个角色的风格是要与全片风格统一的，所以，夸张的表演到这个电影里就是对的表演。可是该怎么夸张？光看剧本我有点没头绪。这个瞎老道身边还跟着俩童子，这两个小演员是香港武师的孩子，我与他们交流还有障碍，因为他们不会说普通话，对于拍摄时怎么配合也存在担心。可等到人物造型出来，灵感一下子就来了。照着镜子我都认不出自己了，这道士就这么个德行啊？眼睛粘得就剩下一条缝，脑门上画着一个“火离”卦，穿上邋遢的道袍，再拿个苍蝇栓儿，这下让我不夸张也做不到了，干脆放开了，就照着疯癫来演吧！于是我走路都蹦跳着不正常了，说实话，疯演比正常演要容易得多。

我的戏本来就不多，很快就拍完了，张曼玉就开着她的那辆大车带我四处玩，问我爱吃什么水果，我说爱吃山竹，她就每天给我买一兜山竹，我又感动又过意不去。

在与徐克的合作中，拍《青蛇》是最愉快的，到了合作《七剑》时，就是极艰苦的工作了。《七剑》拍摄于21世纪，此时所谓明星效应、大制作等都被认为是票房的保障，《七剑》的拍摄亦是如此，群星璀璨，我演七个英雄的师傅，晦明大师。我的戏基本都在雪山上，为了保证拍摄效果，徐克把剧组拉到了天山的最高处，乔尔玛雪山顶。海拔三千多米的地方，我倒还行，可是香港的工作人员很多上了山就晕了，根本无法工作。其实，只要过了雪线，那么白雪和各种地形也都有了，不必非要上到这么高的地方来拍，但是徐克很认真，一定要追求那种巅峰才会有的天高云淡和磅礴气势。每天，上山两小时下山两小时，从日出拍到日落，我被堆在一个山顶上，手里拿根棍，身上穿的都是麻袋，耳朵上还戴俩大铁片子，电影电视剧同时套拍，冻得我够呛。

徐克和内地的导演太不同了，我们拍戏，每一个分镜头都要准备充分，甚至要提前开会讨论，可到了徐克这，即兴创作非常多，有时候根本不按照剧本来，所有人都在猜第二天的戏会是怎么个拍法。很多演员都被“老爷”折磨，不达到他的要求，就真的不给休息。有两个维吾尔族的群众演员来帮忙拍戏，一个镜头拍了十条，最后终于徐克比画了一个OK的手势，那俩群众演员都快哭了，说：“哎呀，这拍电影不是什么好活计，都已经拍过十遍了，导演说还有三遍！”这虽然是个段子，但徐克的认真可见一斑。

俗话说什么将带什么兵，这话一点没错。徐克是个才华横溢又认真执着的导演，他的班底成员也是如此。我坐在山顶上，一个瘦瘦小小的女孩子从下面艰难地爬上来，“马老师，我给您补补妆！”我点头，闭上眼，好一会，怎么没动静啊，我睁眼一看，那个小化妆师从山顶滑下去了。这让我又不禁感叹，如果这是在一个不怎么专业的剧组里，我坐在那么高的山顶上，补妆这个事估计是不会有的，即使必须要补，搞不好化妆师会直接喊：“马精武，下来，给你补妆！”

从1990年到迈入新世纪，电影人在各种文化的碰撞中激发出火花，互相汲取着营养，而我，作为一个演员，从《大红灯笼高高挂》到《七剑》，从张艺谋到徐克，在工作一线，直接触碰到了电影发展新时代的脉搏。

最高褒奖

20世纪90年代，张成功的一部报告文学《苦海中的泅渡》引起了广泛关注，这是一个悲伤的故事，安徽的小伙子沈振14岁时发现自己的母亲与别人有染，并怀疑母亲在饭中投毒谋害亲夫，父亲死后他将母亲告到法院，却被当成年幼无知赶了出来。他回家后与母亲断绝关系，出去干零活谋生，后来参军，用十年时间研究刑法，回到家乡，再次将母亲与她现在的丈夫告上法庭，并顶住极大压力将父亲的坟墓打开，开棺验尸，最终为父亲讨得公道，母亲及她的现任丈夫被判了死刑。

香港导演严浩看到了这部报告文学，对这个故事很感兴趣，这里面矛盾冲突尖锐，故事离奇，凸显了人性的复杂，于是就把它改编成了电影《天国逆子》。主人公沈振在剧中叫关建，由台湾演员庹宗华饰演，我演关建的父亲，村里小学的校长关世昌，斯琴高娃演我的老婆蒲凤英，巍子演那个让蒲凤英生情的刘大贵。

和徐克一样，严浩也是香港新浪潮电影导演的代表人物，他的风格与徐克完全不一样，徐克喜欢天马行空的充满想象，强调给观众强烈的视觉观感，节奏明快，而严浩则是喜欢在宁静、细腻的氛围中去展现深刻的内容，比如对人性、命运的思考，

斯琴高娃、巍子、沈振来家中做客　左一：沈振　1995 年

《天国逆子》就表达了人要对自己的命运负责这样的主题。

我很少见到如此严谨的导演。影片虽然把故事的发生地从安徽挪到了东北，但是对于表演，严浩要求绝对的真实和生活化。他甚至把沈振请到剧组来，问他演员的表演“像不像”。其中我打关建的那场戏，拍完了，导演问沈振这样打行不行，沈振说打得太轻了，自己父亲脾气很暴烈，打他打得狠着呢，于是导演要我重来一次。后来我手里的笤帚都打飞了，终于过了后，我抱着那个小演员直掉眼泪，心疼极了。除此以外，吃饭像不像，喝酒像不像，都要经过沈振的“审查”，等到戏拍完了，沈振甚至管我叫老爸，至今一直保持联系。

当然，想要塑造好一个人物形象，光靠“形似”是远远不够的。关世昌是村里小学的校长，算得上半个知识分子，可是本质又是个农民，当村里人对他的“家丑”指指点点时，他是要否定的，为了校长的脸面，将心里的愤怒悲伤遮掩，可是回到家，他就会对妻子拳脚相加地逼问，结果不但没有解决问题，反而将矛盾激化，逼得老婆铤而走险。这是一个悲哀的人物，表演时要将人物的身份特点、性格特点和心理变化牢牢把握住。

让我印象最为深刻的，就是学校排练秧歌表演的那场戏。本来，东北扭秧歌应该都是在欢乐热闹的场景和气氛中进行的，但这里，导演为了凸显关世昌的内心沉重，让所有扭秧歌的人都面无表情，我也面无表情地吹着唢呐走在队伍里，如行尸走肉般，色彩是丰富的，音乐是热闹的，但就是让人看了心里会止不住地感到压抑和寒冷。休息时，又有人在我面前说蒲凤英和刘大贵的事，我嘴上说着“我知道，我让他来家里的”，可是心里的悲哀和愤怒却难以抑制，于是又吹起了忧伤的唢呐。这时唢呐的音乐帮了我很大的忙，因为导演要求我面无表情地表现悲伤，这对演技是一个考验，而那首唢呐曲子，音乐很哀苦，准确地帮我营造了人物的悲伤氛围，在这样的音乐声中，我也能很好地入戏，肢体语言、眼神等等感觉就都对了。

演员演戏，对手怎么样很重要。遇见好的对手，配合起来就会彼此刺激，容易演好演出彩，若是碰到不合适的对手，那就有可能在拍摄时“出戏”。斯琴高娃和巍子都是很优秀的演员，我们不仅在艺术创作上观点一致，并且连生活习惯都很相像，每次拍摄前我们都会对人物塑造和表演的处理进行沟通，合作起来就很有默契，表演自然就真实可信。发自内心的感情才能打动人，真实的表演才能感染人，在这个戏的拍摄中，不光是剧中的“角色”悲苦，心灵的压抑和沉重也一直伴随着我们这些演员，加上东北广袤的天地和那一片茫茫白雪，“俺向着这迥野悲凉”，情景交融，也不过如此。

1994年，严浩带着《天国逆子》参加第7届东京国际电影节，斩获了最佳导演奖和最佳影片奖，从他那传回来观影人对他的问询：“那个被害死的父亲，你是真的找了一个当地的农村小学校长吧？”我很高兴，观众的这句问询，是对我的表演的最高褒奖。

一组人物塑像

从1958年至今，我演过很多的故事，塑造过诸多形象，至于哪些人物是成功的，哪些人物是不足的，这留待观众评说。在我的人物传记类的作品中，有这样一组人物塑像，闻一多、王洛宾和王振举，他们虽然是不同的身份和职业，但都有着耀眼的人格魅力和光芒。

闻一多，中国现代伟大的爱国主义者，坚定的民主战士，中国民主同盟早期领导人，新月派代表诗人和学者。他的大名如雷贯耳，著名的《最后的演讲》一直被收录在语文教科书里，1949年8月，毛泽东同志在《别了，司徒雷登》一文中这样说道：“我们中国人民是有骨气的。许多曾经是自由主义者或个人民主主义者的人们，在帝国主义者及其走狗国民党反动派面前站了起来。闻一多拍案而起，横眉怒对国民党的手枪，宁可倒下去，不愿屈服……”这样一个诗人、学者和斗士，是所有人都熟悉且

电视剧《最后的演讲》剧照

钦佩的。

当导演王大鹏拿着两集电视剧《最后的演讲》的剧本找到我时，我心里既激动又忐忑。激动的是，闻一多是我一直尊敬钦佩的人，能演他是我的荣幸，忐忑的是，这样一个人人熟知的光辉形象，我如何才能演好他。导演选我的理由除了我的表演以外，还有外形条件，他觉得我和闻一多有相像的地方，导演甚至让我化上妆，特意邀请了闻一多先生生前的友人和亲人来看，也都觉得确实外形相像。而我深知，外形相似只是我演好这个人物的一个便利条件，想要成功塑造出一个有血有肉的闻一多形象，还是要深入了解真实的他，完成自我向角色的转换才行。于是我又开始了案头工作，将闻一多的书籍、文章找来细细研读，然后让他的形象从文字间走出来，在我的脑海里慢慢立体、鲜活起来。

这是一个铁骨铮铮的汉子，有着强烈的爱国心，坚定地追求民主，是一个具有超凡勇气的斗士。同时他还是个大学教授，是个杂家，不仅在历史研究方面卓有建树，并且于诗词、书法、篆刻、戏剧等等方面都成就非凡。巧合的是，我也喜欢篆刻，也喜欢篆书，同时我也是个大学教师。当然我比不得闻一多先生的伟大，我只是个普通的演员和教师，但是这些相似的心境和经历，都能让我更容易把握住闻一多先生的气质、精神，举手投足之间的表演就能更加到位。

出演这部电视剧，我还有一个艰巨的任务，那就是要将闻一多先生的《最后的演讲》整个背下来，台词长达七分半钟。我的台词向来记得快，经常是事先看了剧本，然后现场背词，就能正式开拍，但平常拍戏，台词可以有微调，甚至稍微即兴一点，只要感情对，台词合适就可以。《最后的演讲》可不一样，那是中学生的课文，是闻一多先生亲口说的，所以一个字都不能错。我也是快六十的人了，这么大一段台词，又是整部电视剧中闻一多先生情感爆发的一个顶点，可以说是整部戏最核心的“戏核”，不论台词还是我的感情，都要一气呵成，才能保证良好的效果，我的压力可想而知。怎么样才能迅速准确地背下这一篇演讲呢，我用了最笨的方法，那就是抄写，我一遍一遍抄写着演讲，同时，闻着墨香，心灵沉静，一遍一遍揣摩闻一多此时的心情，脑海中模拟着演讲的情景，说这一句时我应该是用什么语气，那一句时我应该是什么情感状态，什么样的肢体语言。等到我可以流利地默写这篇演讲时，对于这最重要的一场戏该如何表演，我也做到了心里有数。我跟导演说，既然你要求我台词一气呵成，那么镜头也用一个长镜头，不要剪，导演同意。正式开拍时，三台摄影机对准我，远景、近景和特写，我站到台上，台下坐满了学生，看着他们，再回头看看李公朴先生的灵位，环境让我快速入戏，那一刻，似乎闻一多先生真的与我有了心神沟通，我的嗓音由低哑渐渐高扬直至愤怒呼号，脊梁挺得笔直，肢体动作短促而有力，最后拍案而起，将闻一多此时的悲痛、愤怒和对民主的坚持，通过掷地有声的每一个字，传到每一个观者的心中。“今天，这里有没有特务？你站出来！是好汉的站出来！你出来讲，凭什么要杀死李先生！”“无耻啊无耻，这是反动派的无耻，恰是李先生的光荣！”“正义是杀不完的，因为真理永远存在！”“我们随时准备和李先生一样，前脚跨出大门，后脚就不准备再跨进大门！”闻一多人生的最后一次演讲似乎燃尽了他汹涌澎湃的感情，而我，在这七分半里，也耗尽了酝酿多时的表演激情，导演喊停后，我还沉浸在那激烈的感情中，久久无法自拔，浑身微颤，近乎脱力。

与闻一多不同，王洛宾是一个单纯的、天生的艺术家。他的歌曲至今仍广为传唱，他的爱情故事也让人为之唏嘘不已。我有幸两次扮演老年王洛宾，除了外形上有些像以外，我演王洛宾最大的把握在于，我与这位西部歌王真切地认识并交往过。

“文革”结束后，我回到新疆看望母亲和兄弟姐妹们，弟弟马明武在新疆军区文

电视剧《王洛宾和他的女人们》剧照

工团，是一位歌唱演员，母亲那时与他同住一栋楼里，我也到了弟弟家。长子回家，且劫难已过，雨过天晴，母亲自然高兴极了，做了好多菜，备了好多酒。正准备开饭，母亲忽然想了想，对弟弟说：“去，把一楼那老头叫上来一起吃，孤苦伶仃一个人，怪可怜的，这会儿肯定还没吃饭呢！”弟弟应声下楼去了。不一会儿，门开了，走进来一个老者，秃顶，剩下的须发皆为花白，满脸的沧桑，眼睛却闪着亮光，略带狡黠地观察着我，整个人因为这双眼睛的神采而没有了老去的颓然，反而精神矍铄。弟弟一介绍，我才知道，这就是刚刚出狱回到军区文工团的王洛宾。他真是一个热情奔放的人，虽然是与他第一次见面，但是我们丝毫没有距离感，聊得欢畅，酒至半酣，他就唱起来，跳起来了。看着这样欢愉可爱的他，就不难理解，为什么他的音乐作品都充满了自由、浪漫和丰沛的情感了。前后十余年的牢狱生涯没有将他的精神消磨泯灭，反而成为他独有的人生阅历，化为音乐中的不同风景。看着这样陶醉于音乐舞蹈的他，也不难想象为什么他会有那么多的情感经历，因为即使是我，都能忘却他的年龄，被他的个人魅力深深感染，又为他的艺术天才深深折服。

命运真的很玄妙，当时与王洛宾欢乐畅谈的我，没有想到有一天我会在电视剧里两次扮演他，一次，是1997年拍摄的《王洛宾和他的女人们》，还有一次，就是2013年拍摄的《歌海情天》。

由于与王洛宾的这段交往，我再演绎他时，自然有更真切、更直观的人物形象的把握。但我不能满足于与他的相识带来的便利条件，我还是将他的传记仔仔细细读了一遍，然后深入分析他。他是感性的艺术家，因为听了一首花儿就放弃了去法国，至死留在西北这片土地上，做一个音乐的游牧人。他的感情是奔放的，爱情似乎经常能攻陷他的心灵，但他又很痛苦地面对一次又一次的分离。他前后坐了十余年大狱，乐观么？肯定乐观的，不然他不会在狱中还写了那么多的“囚歌”，但悲苦就不存在了么？当然不是，命运如此多舛，他当然有悲伤，只不过被他放荡不羁的外表掩藏了而已。因为我演的是老年王洛宾，所以他与三毛的感情纠葛也需要仔细分析，三毛对他燃起了熊熊爱火，而他，却一直与三毛保持了理智的距离。他是喜欢三毛的，不然不会在三毛死后写下那么哀伤的歌曲《等待——寄给死者的恋歌》，但两人的年龄、教育背景、行事作风等等方面都有着不可逾越的鸿沟，这让他对这段感情望而却步。在表演中，我自然突出了他在艺术上的才华和性格的奔放，剧中王洛宾跳舞的镜头，都是我在记忆中翻找出来的他的真实影像，然后原样重现。但是在王洛宾独处的时候，我有意让他的表情显得木讷一些，眼神深邃一些，渲染他内心的悲苦。而面对三毛的时候，即使心里有波动，脸上也很淡定，要把那种既喜欢又有分寸的感觉拿捏好，这都需要演技和经验来支撑。把握住了这些，我认为，王洛宾的形象才算是完整。

第三个人物是王振举，他是我演过的最朴实的形象之一。王振举是一位宁夏彭阳县的山区基层普通的税务干部，虽然职位不高，也没有做过什么惊天动地的大事，但在1996年，他的名字变得家喻户晓。他工作过的税务所曾多次被评为先进集体，他本人三十多次被评为区、地、县税务系统先进工作者。工作三十多年来，没有抽过公家一根烟，没有贪过公家一分钱，没有用过公家一次车，用真情对待所有人。1996年被国家税务总局、人事部授予全国先进工作者称号。同年4月20日，59岁的王振举因积劳成疾，医治无效去世。他的事迹被报道后，宁夏全区各界和全国税务系统掀起了一股学习好税官王振举的热潮。

中央电视台欲将王振举的感人事迹拍成电视剧，由执导过《蹉跎岁月》等众多剧集的蔡晓晴作为导演，制片人兼执行导演是在《三国演义》里饰演周瑜的洪宇宙。

拿到剧本的时候，我心里其实是对剧本不满意的，因为全是王振举做的一个接一个的好事，缺乏跌宕起伏的戏剧因素，人物刻画得也不够，真的不能算是一个合格的电视剧剧本。和导演探讨后，觉得不能把它拍成一个单纯的行业片，不能把他的事迹介绍完以后，观众记不住他这个人，直白的说教或者歌颂都不可取，这不仅损害了王振举的形象，掩盖了他人性、品格上的闪光点，并且观众也不会愿意接受这样硬生生的“教育”。所以我们决定还是要从情入手，对人物进行再创作和深度挖掘，在真情之下，让观众逐渐去了解一个真实的王振举，进而为他的事迹感动，被他的精神感染。确定了方向和目标后，我们和当地的税务干部、编剧一起，对剧本进行了反复修改。

这是一部纪实性电视剧，所以，我们专门到了王振举的家乡，就在王振举的家里、工作过的税务所里实景拍摄。照例，我先去体验生活。报道的材料和剧本写得很感人，但那还是文字中的王振举，直到我走进王振举住了几十年的窑洞后，才第一次在心里被他震撼。简直不敢相信，这就是一个在税务战线上工作了几十年的基层干部的家，家徒四壁，别说电器，连基本的家具都不齐全。三儿两女，大儿子和二儿子还在种地、做赤脚医生，两个女儿也没有安排工作，只有小儿子，在王振举临终前在组织关怀下被安排进了县国税局。这样的干部简直太难得了。然后，我去他生前所在的税务所，跟着一起办公，听他的同事们说老王的种种事迹，了解他的脾气、性格等各方细节。又去探访与王振举有过接触的当地百姓，他们都流着眼泪，说着他们的好税官。王振举去世时，孩子们唱着“花儿”送他，两千多名群众自发前来为他送葬……越了解王振举，对我的震撼就越大，他在我心中的形象也愈发真实和高大。

王振举是一个平凡的英雄。他把工作做到了一般人做不到的地步，执法守法、严于律己、较真、倔强，但又充满温情、诙谐幽默，在艰苦的征税路上，他会唱秦腔给大家鼓劲，会说笑话给小年轻们舒缓情绪。他绝不以权谋私，不为家庭和子女“谋福利”，但心里又充满了对亲人深厚的爱。他的工资微薄，却又经常帮助那些有困难的同事和群众，资助那些失学的娃娃们继续念书，甚至将组织上给他的治病的3000元钱都捐赠给了小学校。用毛主席的话说，他也称得上是“一个高尚的人，一个纯粹的人，一个脱离了

电视剧《他那一片天》剧照

电视剧《他那一片天》剧照

低级趣味的人”。我与他是同龄人，从他身上，我能看到我们这一代人共同的特点，淳朴、正直、善良、乐于助人、甘于奉献，这让我与他的距离更加接近了。

拍摄之前的功课做足了，拍摄时自然就有把握得多。剧中扮演我的妻子的，是著名演员赵祖国，为了纪实、真实，我们都用陕西话来表演。王振举的妻子和孩子们就在摄像机旁边看，拍完一个镜头，导演都要问一声像不像。最后，王振举的儿子坚持不让我在外面吃饭，“大（爸），别走，我给你做我大最爱吃的菜！”税务所的同志们都直接管我叫王所长，我很高兴，这是对我表演的肯定。

按照“既定方针”，“情”是要贯穿全剧并着重刻画的，朴素的人，有着朴素的感情，所以要用朴素的语言和表演来体现，获得观众的情感共鸣。有几场戏让我永难忘怀。我推着自行车走过学校，听见里面传来的朗朗读书声，停下脚步，眯缝着眼睛，嘴角不自觉挂上笑容，然后陶醉地说：“娃儿们念书的声音太好听了！”一句词，一个动作神态，就表现了王振举对孩子们的一片拳拳爱心。税务所里一个干部上饭店吃饭没给钱，让人举报了，王振举严厉批评了这位干部。我怕演得过火，让这个人物受到伤害，于是询问税务所的同志，他们说：“老王平常脾气好着呢，但是遇到这种事，他吼得凶着呢，全楼道都能听见，没人敢劝，你吼得还不够凶！”这个镜头又让我抓住了王振举的一个特点，他是眼里不揉沙子，光明磊落的一个西北汉子，他此刻面对犯错的同事，不应该以所长的身份来教训，而应该是一个前辈对后辈恨铁不成钢的失望和愤怒。在平常的工作中，他对待同事是充满温情的。剧中有一场戏是我背着女税务员过河，零下七八度的温度，我二话没有就趟进了河水，拍了四条，虽然因为这场戏我半夜发起了高烧，但我甘之如饴，因为这正是朴素的王振举该有的朴素行为和情感。

王振举与家人的感情更是深厚而内敛的。女儿结婚，王振举因为工作赶不上，等婚礼开始了，他来到场地外，把礼物放桌子上，听了听里面的欢声笑语就走了，欣慰欢喜中透着歉疚，这些都要用眼神、表情、神态表现出来，他不是不爱女儿，而是为了工作实在顾不上。在得知自己得的是绝症后，面对伤心的妻子，压在心里一辈子的话此刻方说出："我对不住你！我这个人，上对父母没尽过孝心，下对子女没给过父爱，对你，我就欠得更多了……"这个西北汉子在人生最后的阶段才露出的柔软一面是让人动容的，我的情绪很激动，全情投入，连对手的反应都顾不上观察，哽咽得词也说得断断续续，等拍完了再看，周围的演员、导演、摄像都在流泪，王振举的妻子更是泣不成声。最后临终那场戏，百姓们不用动员，自发前来，就和王振举去世的那天一样，院子里、窑洞里、山坡上都站满了人，静静地看着我们拍摄。小儿子穿上了崭新的税服，王振举看了以后很欣慰，想嘱咐些什么，已经说不出话来了，儿子理解父亲，说出了他心里想说的话，王振举激动得抓住儿子的手，泪流满面。饰演小儿子的演员是当地的一个年轻的业余演员，越想演好就越紧张，情绪怎么也不对，我们就开导他，启发他，一点也不着急，因为这是英雄的最后一场戏，是情感发展的顶点，必须做到完美。我陪着那个小演员哭了十遍，每一遍都发自肺腑地调动感情，等终于达到我们想要的效果时，我已经哭得快要虚脱，所有围观的人也都一直静静地流着泪陪着我们，站了那么久，没有一点异常声响，没有一个人离开。

王振举的一点一滴，汇聚成了一股清泉，滋润着这片土地上所有人的心灵。我们每到一处拍戏，当地的百姓和政府部门都特别积极的配合，因为知道我们是来拍他们的英雄的。我们整个摄制组，也被王振举的精神感动，即使条件艰苦，时间紧迫，大家也都兢兢业业，毫无功利之心地完成了电视剧的拍摄。而我，作为一个演员，重新将王振举的人生活了一次，作为和他的灵魂最接近的人，又怎么会不动情呢？

与年轻导演的合作

在几十年的影视创作中，我接触了太多的导演，有从默片时代走来的苏联导演吉甘，也有我国的第三代导演成荫、林农、孙羽，第四代导演谢飞、郑洞天，第五代导演苏舟、张艺谋、张建亚、尹力、胡玫以及港台导演吴宇森、徐克、严浩等，另外与冯小刚、黄力加、王大鹏、赵宝刚、刘江等导演也都有合作。

管虎算是第六代的导演，从年龄上，我是他的长辈，在现场，他十分尊重我，各方面都极为热情地关照我。我曾先后上了他几部戏，一个是电视剧《活着真好》，还有两部电影《再见，我的1948》、《杀生》，每次他邀请我，我都十分高兴地接受，因为他是一位有思想，有追求的导演。作为年轻一代导演，他极聪明，影片中都藏着他对社会对人生的思考，《杀生》中，黄渤的角色就代表了社会上“有个性的人”，而想表达的，就是太有个性的人在当今社会是无法生存的。他在创作中非常认真，一丝不苟，有时候一个镜头会从各个角度拍摄很多条，只为最后能得到最好的最合适的画面。我会和他开玩笑说：“管导，拍完了么？”他一本正经地说：“拍完了，谢谢马老师。”我说：“别呀，管导，我的脚你还没拍呢！”他只好无可奈何地笑了。我这是成心逗他，他在现场的认真可想而知。

还有一位年轻导演，就是我表87班的学生钱雁秋。说他年轻，那是因为他进入我这个班时是个19岁的愣头青，如今他也已是四十多岁的人了。我出演过他的两部电视剧，《英雄》和《生死极限》。在《英雄》里我扮演了两个人物：步鹰和老刀把子。钱雁秋虽是学的表演，但他却有着较深厚的文化基础，喜欢钻研，喜欢编剧，他导演的戏大多是他自己编写的剧本，是个不惜力的人，这一点很让我感动。

我喜欢和不同年龄、有不同观点的导演合作，我从他们身上能感受到各种不同的理念，这使我在表演上有着更丰富的想象力，同时也增强了自己在塑造人物上的表现力。与年轻的导演合作，他们的新锐和活力也感染了我，让我的创作理念也能与时俱进而不会与时代脱节。凡是与我合作过的导演，我都十分尊重及感谢他们，是他们使得我的艺术创作丰富多彩，是他们使得我的生活有更多的乐趣，也由于这

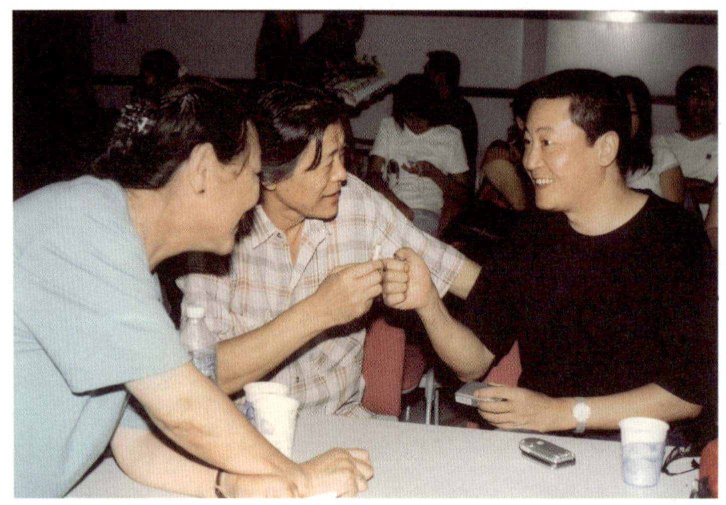

相谈甚欢　右一：赵宝刚

电影《再见，我的1948》拍摄间隙的欢乐　右：管虎

样的一些艺术实践，让我能很快和更准确地投入到各种不同阶层不同类型的人物塑造中，感谢他们。

新世纪的喜忧

时间进入21世纪，中国入世以后，电影的审查制度趋于开放，加上院线制的实施，中国电影迎来了产业化、国际化的发展。我有幸，虽然年岁已高，但仍然在电影拍摄的一线有一席之地，这也让我能直接感受到时代给电影制作带来的变化。

首先，导演的追求有了新的变化。进入21世纪后，电影和电视剧都要有经济效益，票房、收视率都成为主要追求目标，所以导演在创作影视剧时注重的东西开始跟以前有了区别。以前的电影也好，电视剧也好，都要求有鲜明的思想，所谓寓教于乐。新世纪以后，影视剧则更多地考虑如何能有“看点”。什么是“看点”？对我来说这也是个新鲜词，就此我也问过很多导演，总结起来，“看点”大概有三方面。一，就是要有明星效应，影片中必须有明星，比如《七剑》、《赤壁》里明星云集，这样才有票房号召力。二，是对电影的画面有极高的要求，要震撼，要好看，大量运用电脑特技，所谓大制作，以此吸引观众。如《孔子》中至少有四处大型战争场面，包括堕三都、夹谷会盟、齐鲁大战以及武子台平叛等等。费邑和郈邑两座城池的拆城场面就颇为壮观，整座城墙呈现“爆破式”崩塌，而夹谷会盟则需要动用数百辆战车和过千群众演员撑场。会盟中我见孔子那场戏，拍摄的时候，现场只有一个极高的台阶，影片中最后呈现的壮观磅礴的景象，都由后期电脑合成，就为追求震撼的视觉观感。三，就是导演们都强调戏剧冲突的尖锐化，更加注意情节的跌宕起伏，扣人心弦，加大激烈的感情戏、打斗场面的比重。

其次，近些年的影片，有些似乎不太重视人物塑造了，人物有向符号转化的趋势。当然不是每一部影片都这样，这和导演的思想、构思有关。我合作的导演里，冯小刚就是极重视人物塑造的，我在《夜宴》中饰演殷太常，这是三朝老臣，表面臣服，却心怀不轨，虽然戏不多，冯小刚却相当重视这个角色，要求我把人物的两面性演到位。但在有些影片里，导演需要一个符号来表现反面力量，于是一个反面人物上场，还需要一个符号来表现正面力量，那么正面人物就出现了，这两个角色的斗争就代表了正反力量的交锋，而这个人物本身，却少了深入分析和塑造，让人看不清楚。

最后，影视剧的宣传力度也变得空前强大。20世纪80、90年代，一部电影的所谓宣传，也就是通过报纸、杂志上的一些相关文章，或者做一些电视节目来进行，进入21世纪后，宣传方式和力度不可同日而语。我参与演出的那些电影，不论是《孔子》、《赤壁》还是《夜宴》、《战国》等等，拍摄前的各种报道、采访就已经铺天盖地而来，等拍摄完成，更是大密度的宣传，仅北京一地，我就像赶场一样跟着摄制组四处宣传，换着场子跟观众见面，就为了能争取更多票房。

以上新变化，不论是对市场需要的探索和把握，还是科技在电影中的应用，都对当代电影的发展有很大推动作用，而影坛也呈现了一片繁荣景象。但是，繁荣的背后，也有因为太注重经济效益而带来的负面影响。

第一，一部电影的拍摄，统领全局的从导演、制片变成了投资人，说白了，谁出钱谁说了算，所以不仅演员可以随便换，导演若是不能满足投资人的一些要求，也是可以随便换的，若导演因为经济利益，屈服于一些无礼要求，那就会对电影艺术对艺术创作造成损害。

第二，“一切向钱看”的大环境，让很多年轻演员显得浮躁不堪。这首先表现在对待表演的态度上。我们在塑造任何角色时案头工作都做得很好，先看剧本，再研究人物，故事发生在什么环境，人物是什么身份，跟戏里其他角色是什么关系，如果是古代戏，那是什么朝代，有什么特点，这些都要提前做功课研究好。案头工作第二点就是分析人物的命运走向，剧中这个角色都干了什么事，心理有什么变化，要把重大事件都标出来，哪里是高潮，哪里是低谷，这样在演的过程中就有了行动线索。除此以外，还要详细地分析台词，若觉得台词中有不合适的地方，还需要提前与导演沟通修改。等进入工作状态，就要先跟导演沟通，再跟对手沟通，如果对手是很熟悉的人那合作就会很顺畅很愉快，反之，势必会影响现场表演的状态。可现在的很多年轻演员，因为一时红火，就想趁有名多露脸，多得利，一下子接好几个本子，演完就走，根本没心思做案头工作，体验生活就更不可能，连最起码的沟通都实现不了。他们只管自己的词，不会注意对手怎么表演，也不在意与对手该如何配合。我就曾遇过让助理来跟我对词的演员，被我严词拒绝了，且不说这样是不是对我的不尊重，除非下一场戏是这个助理跟我演对手戏，否则这样对词还有什么意义！

一些年轻演员的浮躁还表现在工作作风中。影视圈是个名利场，定力不好的年轻演员们可能如何演好戏还未学到，就先把如何拼排场、比身价学个十足。剧组中，一个演员后面跟着数个助理浩浩荡荡的场景屡见不鲜，群演跟了几个月了，想合张影签个名演员都要拒绝。我们当年拍戏自己背着行李卷带着全国粮票进剧组，这样的老皇历现在的孩子们也不愿意听，但直到现在，我已经年过古稀了，进剧组也从来没有要求过要有助理，更没有用过替身。有排场就真的是“明星”、“大腕儿”么？我看未必，一时“盛名”可以掩盖很多东西，可能他们自己都没有意识到自己的浅薄。我与那么多演员合作过，真正的大演员绝不是这样。拍《青蛇》时，来请张曼玉签名的影迷排了好长一条队，她一个也不拒绝，全部签完。葛优从来不拒绝别人的合影要求，他对我说：“马叔，别人想跟我合影，那是看得起我。”这样的例子不胜枚举，反观那些鼻孔朝天的所谓“明星们”，连“敬业”是什么都没弄清楚，又到底是凭什么这样“俯视众生”呢？若将来新一代的演员们都这般“闪亮登场”，那么，中国电影忧矣！

三、吾将上下而求索

用影像记录当下

作为表演系的老师，除了自己要会演戏以外，还要熟悉和了解导演的工作、要求，这样在指导和启发学生时能更加有效。所以我在拍《艳阳天》和《金光大道》的时候，就有意识地做过一些场记、副导演和执行导演的工作，而自己真正开始走上导演之路，是在1980年。这并不是“演而优则导”，而是完全为了教学需要。1980年，表演系78班的学生要排第一个联合作业，我们想拍一个问题剧。导演系他们自己的拍片任务就很紧张，很难来帮助我们导演，最后，我们决定自己上，由李苒苒编剧，我和刘诗兵共同导演，拍了这部《端盘子的姑娘》。本来只是一个短片，后来拍成了一部八本半的标准故事片，在影院公映。影片里所有的演职人员全是电影学院的老师和学生，剧本也是苒苒根据学生的特点量身打造的，初衷就是让学生们有机会把学到的表演知识付诸实践，展示他们的才华，锻炼他们的实际拍摄能力。

创作之初，我们也为学生适应什么样的题材而思索了好久。有一天，我们买东西的时候，遇见了服务态度很不好的年轻营业员，当时我们很生气，很想创作一部影片讽刺讽刺这些忘掉了“为人民服务”的人。后来经过深入了解，我们才发现自己的看法太片面了，这些年轻人都是被“文化大革命”耽误的一代，他们虚度了宝贵的青少年时光，没学到该学的知识，没得到该得到的关怀和培养。现在，运动结束了，生活恢复正轨，他们一下子被推进社会，有些人就会因为自身的不足而迷茫，不知道自己该干什么，能干什么，未来又该怎么走。服务行业的一些年轻人，会因为有些顾客看不起这个职业，而变得自暴自弃。那些服务态度恶劣的人，大多都是因为自己也看不起自己的工作，浮躁难安，自然就不会有一个端正的工作态度。我们意识到，这正是反应现在社会上年轻人的生活、工作和理想状态的好题材，不仅适合学生们来表演，更能用影像记录当下，与观众们产生共鸣。

题材确立了，我们来到全聚德烤鸭店体验生活，近距离接触这些服务行业的年轻朋友们。让我们激动的是，他们中间很多人都是有理想有追求的，不仅勤劳、好学，愿意把工作做好，并且有头脑，爱憎分明，对社会上的新事物敏感，对不正之风深恶痛绝。于是，我们从理解他们，爱他们，期望他们健康成长的角度，创作了《端盘子的姑娘》。

小凡子是迎春饭店的青年服务员，她并不喜欢自己的职业，幻想着有一天能当歌唱家。但是现实一次次打破了她的幻想，让她变得消沉。与她青梅竹马的大学生张志鼓励她学习向上，她认为没意思，同事佟英每天都用业余时间学英语，也让小凡子很不理解。小凡子越来越厌恶自己的职业，不仅把怨气发泄到了顾客身上，还因为“端盘子的不好找对象”而草率地和一个不学无术、缺乏社会道德的青年谈了恋爱。后来，佟英考上了夜大，而张志与佟英的恋情也让小凡子震动，她终于领悟到自己到底应该怎样对待生活，怎样对待事业和理想。

因为演员都是自己的学生，哪个学生有哪些优缺点、适合什么样的角色，我们都特别了解，所以在角色选择上没有什么犹豫。郭靖是78班里比较聪明的孩子，脑子反应快。平常教学中，只要老师点拨一下，她就能很快做到，缺点就是“沉”不下来，她的性格和表演风格，最适合演小凡子。苒苒特别为她写的剧本，不论从情景设置还是语言风格，包括因为郭靖唱歌很好而将小凡子的理想设定为当歌唱家等等，都是希望能让郭靖在表演上扬长避短，同时小凡子这个人物也能塑造得鲜活真实，与演员相得益彰。

这是我第一次当导演，工作起来自然是兢兢业业，非常认真，把整个情节的曲线理清楚，哪里该急，哪里该缓，哪里是故事的高潮，哪里是重要的事件等等都分析清楚，然后仔细写分镜头剧本，甚至把脚本画出来。苒苒的剧本给了我和刘诗兵很大的帮助，因为她的本子直接就是用形象思维写成的，甚至一句话就是一个分镜头，不需要导演再进行电影语言的转化，拍起来很流畅。

1981年，影片在全国上映后，商贸、服务一线的工作人员纷纷来信，说自己的观后感，说自己的思想转变和成长历程，我们很高兴。诚然，这一部教学片可能在艺术上还有很多需要改进的地方，但是，这种题材的电影太少了，而我们用生活的眼光去观察社会，发现并恰当地予以表现，不仅锻炼了学生，还获得了观众的共鸣与认可，我们已经十分满足了。

同年，在拍完《端盘子的姑娘》以后，辽航劳动保护教育中心找到我和同学钱学格，想请我们给他们导演一部以安全生产和劳动保护教育为主要内容的影片，这就是《笑比哭好》。

影片编剧是张寿光，他很了解工人，所以剧本还是很贴近生活的，导演由我和钱学格、张寿光共同担任。苒苒帮助修改了剧本，我们也把影片的定位确定为喜剧故事影片。

我们的专业制片厂没有拍过这类题材的片子，这种影片很容易拍成“科教加情节”这种生拉硬凑起来的东西，所以，如何写出人物，如何写出人物的思想感情，并使它具有比较完整的情节结构和更深的社会思想含义，是摆在我们面前的课题。

影片的名字《笑比哭好》，可以概括地体现我们在这部影片里要表达的一点点生活哲理。生活中有欢乐，有烦恼，可人们总是希望避免烦恼，能笑对人生。怎么做到这一点呢？回答是要正确地对待劳动、工作，正确地对待生活。

喜剧是人们喜爱的一种艺术样式，它不可避免地要有所夸张，但是，我们力求影片的整个格调接近真实朴素的现实生活，避免廉价的噱头和笑料，要让观众笑得由衷，笑得自然。剧中程亮因为不按安全规定操作，把手卷入机床轴承，这个灵感就来源于我们体验的生活。在工厂车间里，这样由于不当操作而引发的危险并不少见，我

电影《笑比哭好》剧照

们对这一情景进行喜剧处理。众人扛着那个轴承的长筒子，歪歪扭扭地往医务室走，喊着口号，程亮在后面哇哇叫，到了医务室门外，筒子由于太长，把诊室的门玻璃撞碎了，诊室里众人都吓了一跳，诸如此类的场景都是很有喜剧因素的。拍摄中，我们就要求演员们自己不可以笑，因为现实生活中如果发生了这种事故，是没有人会笑出来的。演员们要认真地演，让观众来笑，演得越真实，观众笑得越由衷。

同时，我们希望在喜剧的轻松之中含有更深切的感情，不但要使人发笑，还需要动人以情，基本保持生活轻喜剧的格调，又放开运用某些正剧的处理手法，该喜则喜，该悲则悲，喜中含悲，悲中有喜。如程亮攀楼闯入病室看望梁燕这场戏，我们要求演员完全真挚动情地去演，不要因为是喜剧就缩手缩脚。

这部影片的演员来自不同单位。电影学院表78班的曹蓬、郭靖、张伟克分别饰演男女主人公，苒苒演了医生，还有些演员就是地地道道的工厂老工人或工厂的业

电影《我，你，他……》工作照

电影《我，你，他……》剧照

余文艺骨干。吸收工人作为业余演员走上银幕，表现他们自己的生活，这也是一个初步尝试。

有了这两部影片的导演经验，我们又翻起了一直放在手边念念不忘的《这不是戏》的剧本。四年来，这部话剧一直在我们心里，苒苒将剧本改名为《我，你，他……》，进一步修改后发表于《剧本》月刊。我们想让更多人看到这部作品，于是在1982年，由我和刘诗兵共同导演，苒苒编剧，合力将这个话剧改编成了电影。

电影和话剧不同，改编中，我们将故事改到了1982年的北京，创作宗旨是写普通人，议普通事。我们的导演构思，也是想在真实感和纪实性、时代感和表现人们的复杂性上进行一次探索，说明我们的同时代人应该如何确立信念和理想，度过自己的一生。整部影片，我们希望能做到以下两点：

第一，让虚构的故事向生活的真实靠拢。

电影《我，你，他……》工作照

这部影片的编剧、导演、演员、摄影、美术和照明等工作人员，几乎都是北京电影学院的教员，大家非常珍视这次创作实践的机会。从剧本创作起，我们就力图摆脱戏剧化的结构和人为的冲突，着重写人的思想感情的发展变化，让虚构的故事向生活的真实靠拢。影片中的建筑师麦文辉是个事业心很强、具有高尚品德和情操的主人公。我们没有写他的伟大壮举，更没有豪言壮语，而是把他的一切行动都安排在平凡的工作和生活中，上班、下班、吃饭、睡觉……他有妻子、家庭，还有十年动乱中留下的伤痕，有在工作、家庭生活中的各种困难和矛盾。他像成千上万的中年人那样默默地、坚毅地工作着生活着。他满怀信心地去克服各种阻挠，为完成自己的事业，为繁荣我们这个目前还很落后的祖国而奋斗着。这就是我们理解的当代的新人。他周围的人们也同样是在复杂的生活中寻找着人生的道路。我们在创作中力图做到使影片中

电影《我，你，他……》剧照

电影《我，你，他……》全体演员合影

的人物以及人物之间发生的事情都像是我们身边所熟悉的和可能发生的那样，从而让观众感到亲切，引起共鸣。我们主张多给观众一些联想和思索的余地。

总体上，我们要求呈现在银幕上的是八十年代的人，八十年代的人与人的关系。那时人们对祖国的变化、繁荣有着一种复杂而又强烈的渴望，但人物的这种心理特点，我们要求在“不知不觉”中自然地流露出来。因此我们决定在场景、节奏、人物性格的强烈对比下去完成这一要求。我们把每场戏之间，一组镜头之间，进行了既有内在联系，又是合理对比的安排，使实景的纪录性色彩与意境戏的装饰性色彩相结合；长镜头、运动镜头与短镜头、稳定镜头相结合；动与静、快与慢相结合，并争取做到不露导演处理、调度的痕迹。人物性格、情绪变化对比强，但也不能露出表演的痕迹。我们经常让摄影机像剧中人那样进入到人物关系和规定情境中去。比如，司机宋欣第一次到外科医生孟郁家去，为了表现他工作的劳累和“心灰意冷”的心境，就让宋欣一推门后，摄影机便代替了他的眼睛，观察这洁净简朴的房屋，一直“走”到靠在沙发上熟睡的孟郁身边，并把她唤醒。接着用一组短镜头表现宋欣催她到医院去抢救急病号，加强节奏感。又如，五个人在孟郁家聚会，三个中年人眷恋着五十年代的学生生活，这时，摄影机也像是与他们坐在一起畅谈。我们还有意处理其中的一些戏，包括结尾，不给观众画句号，意在让观众与我们一起去思考。

第二，我们要研究电影表演规律，追求在银幕上塑造活人。

电影拍摄中，不论导演还是演员，都在表演风格上下了一番功夫。这部电影除了扮演宋欣的是学院表演系刚刚毕业的学生外，其余全是学院表演系的教员。多年来，我们总想认真地研究一下电影表演的规律，追求在银幕上塑造“活人”。我们以前在话剧舞台上就曾做过努力，《最后一幕》以及这部电影的前身《这不是戏》等作品的表演中，我们就力求表演的细腻、真实，要生活而不露表演痕迹。现在有机会再进行一次电影表演的探索，大家自然是积极的、严肃认真的。人们历来认为，学院派是理论派，那么能不能把理论与实践相结合呢？我们用自己的努力给出了答案。

刻画人物性格、塑造典型的艺术形象，是演员的根本任务。演员对于自己所扮演的角色应有全面、深刻的理解，使之在每一场戏、每一个镜头中按照人物应有的逻辑去行动。拍摄中，演员们尽力做到真实、有表现力。在情感的表达上则要求准确，不随意外露情绪。特别是表现中年人，他们本来就是有控制力的，内涵深刻才符合生活真实。但也不是单纯的“心里有了就什么都有了”，因此，要做到表演不露痕迹，同时又是有处理、有想法、有动作的选择，有技巧的表演。要做到这个“演到不露痕迹”是很艰难的，也是很值得探索的。我们的实践结果证明，这是对的，但也很难达到理想的境界。在人物基调的掌握，人物关系分寸的处理，人物真挚情感的表达上，我们都还有不少欠缺。

我们努力做到了以上两点，但是遗憾也不可避免地存在着。由于年代和观念的束缚，我们在描写中年人感情的复杂和变化上受到很大限制，因此在挖掘人物的情感、表达他们真实的心理活动时，不能放开手脚。比如，麦文辉和妻子的追求不同，在对人生的态度上也格格不入，他们是应该分开的。而他对由于十年动乱的误会而分离的年轻时的恋人孟郁，却有很深的感情，他们在人生观价值观上是可以沟通并最终达成一致的，他们是互相理解的，麦文辉最后应该结束自己不幸的婚姻而与孟郁在一起，这才是符合逻辑的结尾，而我们的剧本也是这样写的。但是在20世纪80年代初期，“离婚”还是个大家讳莫如深的词语，更别说离婚以后和旧时恋人重新组建家庭了。所以对这个结尾，审查部门认为导向不好，不予通过，最后我们只得将结尾写成麦文辉仍然在这个家里，他与孟郁最后也未能在一起。这样一来，原本复杂深刻的感情变化，最后都被粗暴抹杀，人物没有按照他应该有的思想逻辑走向他的最终结局。留下这样的遗憾，固然是有时代的原因，但另一方面，也由于我的立场不坚定。作为导演，关键时刻还是应该为了实现自己的艺术构思而坚持一些东西的，可惜当时的我在那种环境中没有足够的勇气。

从1981年到1982年，短短两年里，我完成了导演生涯中的头三部影片，从选材到导演构思，都是立足于观察当下的生活、当下的社会和当下的人，用影像记录他们，刻画他们。虽然我是与刘诗兵、钱学格一起共同执导的，但是对我在导演之路上的成长有着举足轻重的作用。首先，我学会了镜头的运用，了解如何用镜头去讲故事，并且做到了让镜头衔接自然流畅而不露痕迹。比如运动镜头的运用，就是在运动中完成角色的性格、思维和对白，尤其在《笑比哭好》里，这是一个喜剧，所以剧情的节奏和镜头的运动都得跟相声的抖包袱一样，这对我后来拍戏非常有好处。其次，站在导演这样通观全局的角度，我更加明白了节奏对于电影的重要性，“张弛有度”这四个字并不是那么容易做到，这需要很多的实践经验来支撑，这三部影片，就锻炼了我在掌握节奏上的能力。最后，每一部戏都必然有一个最核心的“戏核”，导演要紧紧抓住这一点，才能拍好一部影片，这需要仔细地研究剧本，也说明了一个导演在真正开拍前的“功课”是有多么重要。

一幅新疆民俗风景画卷

1981年，北京电影学院表演系招了两个民族班，这就是81新疆班和内蒙古班。1984年，新疆班筹拍毕业电影作业，选用了电影局柳城同志写的一部新疆题材的电影剧本《故乡的旋律》，邀请我做影片导演。

我虽然没有给新疆班的学生上过课，但是因为同为新疆人，所以这批学生自入学伊始，就吸引了我的目光。对于一个人的形象气质，新疆人有自己的审美原则，在我看来，这个班的学生都招得很好，一个个都是标准的新疆的俊男靓女。能有机会带着这班新疆学生拍一部新疆题材的电影，我十分高兴。

《故乡的旋律》讲述了在北京学习音乐的维吾尔族大学生迪利夏特为完成毕业创

作“故乡交响曲”，回新疆寻觅一首歌颂友谊的古老民歌的故事。为了寻找会这支曲子的老歌手吐尔逊大爹，他跟随一个放映队四处奔波，顺便沿途搜集民歌。在放映队里，他结识了严肃认真的队长艾合买提、老实忠厚的赛力木、热情豪爽的海米提，以及能歌善舞的姑娘莎尼亚。迪利夏特和他们结下了深厚的友谊，并深深地爱上了美丽善良的莎尼亚。迪利夏特几次想对姑娘表达爱情，却都被莎尼亚制止了。迪利夏特到河边打水归来，发现莎尼亚已经在白桦林中安静地睡着了。美丽动人的莎尼亚激发了迪利夏特的创作灵感。等莎尼亚醒来，迪利夏特倾吐了对她的爱恋，可是莎尼亚拒绝了，因为她爱的是憨厚的赛力木。最后在大家的帮助下，迪利夏特终于找到了吐尔逊大爹，找到了那首古老的歌谣。他恋恋不舍地告别了莎尼亚，告别了那些善良、忠诚的朋友们。虽然他没有得到爱情，但是在故乡的大地上，在故乡的人民间，他找到了属于自己故乡的永恒旋律。

这是一个美丽的故事，有美丽的风景，美丽的人，美丽的艺术，我期望能将这部电影拍成一幅全面展示新疆之美的风俗画卷。但是，最初的剧本，由于原作者对新疆不是特别熟悉，所以文本不太适合电影的拍摄，在一些细节上还需要进一步修改。修改的任务，又一次“顺理成章”地交给了苒苒。在北京修改了两稿后，我们还是觉得不理想，这部电影很特殊，若想影片最后实现我的导演构思和期望的效果，那么，苒苒就不能只在北京凭借对新疆的想象来修改剧本，而需要身临其境，走到那片真山真水中才行，于是我带着苒苒回了新疆。

通过剧本中的一些情节描写，我的脑中出现的是南疆的风土人情，所以最初即确定将来电影的拍摄取景要以南疆为主。我和苒苒先回到乌鲁木齐，然后过乔尔玛雪山，到南疆，吐鲁番、库车、喀什等等地方都走了一圈。这一路，虽说不上风餐露宿，但也极为艰苦。我回到这片熟悉的土地，心中喜悦自不必说，而苒苒可能是因为长得有点像维吾尔族人，一路上经常有维吾尔族的姑娘、大妈跟她亲热地说起维语。

她虽然听不懂，只能看着人家笑，但是这份发自他人内心的亲切让她为之开怀。耳闻目睹着这里人们的生活、言行和艺术，她很快融入了这片广阔的天地，迅速抓住了这个影片应该有的感觉。当描述迪利夏特和放映队员们一起在美丽的大自然中唱起动人的民歌，在戈壁滩的公路上跳起欢快的舞蹈，为牧民们放映电影，应邀参加富有浓郁维吾尔族特色的婚礼等等这些情节时，苒苒已经可以用电影语言真实、生动地来体现

电影《故乡的旋律》拍摄期间于新疆魔鬼城留影

自己的艺术构思，进而摆脱了在北京修改剧本时创作艰难的痛苦。在身心的双重喜悦之下，路上的艰辛已经显得不在话下了。当对于新疆的感觉从想象变为具象，再加上苒苒本身对于电影语言和拍摄规律极度熟悉，我们从新疆回到北京时，这个剧本已经修改得极好。

一切准备完毕，我们带着摄制组坐飞机来到新疆，正式开始拍摄。这部电影由北京电影学院青年电影制片厂和天山电影制片厂合拍，苒苒和李克己老师跟随我协助拍摄，摄影师是学院摄影系很优秀的一位老师刘永泗，他细致而富有想象力，并且能坚持自己的想法。制片主任由天山厂指派，到组一看，我高兴坏了，因为这位制片主任正是我的高中同学严峰，这下两方面的交流合作就会顺畅而不会有什么问题。在我的想象里，这部影片应该有大量优美、纯正的新疆音乐。找谁作曲？我想到了高中时和我一起跳舞的刘澍民，此时，他已经是新疆鼎鼎大名的音乐家了。很幸运，刘澍民正好有时间，且对这个电影充满了兴趣，他提出，要跟随我们一起拍摄，亲身感受这个故事和这个团体、环境，这样能写出优秀的作品。果然，最后他与另一个作曲艾拜杜拉一起，为这部影片创作了大量的优美音乐，不仅帮助影片渲染环境、感情，达到情景交融，还让整部片子透出浓郁的新疆特色。剧中的一曲《石榴花》至今仍在新疆地区传唱不衰。如果说这部影片是成功的，那么刘澍民创作的音乐就是极大的功臣。

在新疆，虽然也生产了很多电影，但是像这样整部影片纯粹都是维吾尔族、哈萨克族演员来表演，说的是新疆人的事，画的是新疆人的景，没有掺杂其他因素的影片还是极少的，所以我们的拍摄得到了当地政府、人民的全力支持。天气炎热，当地的维吾尔族大叔会推来两车无花果给我们解暑，不要钱。借用当地百姓的房子拍摄时，我们想怎么拍就可以怎么拍，房东不会有意见，并且管我们一天三顿饭食。在阿尔泰拍摄时，地区书记胥成义让我们住阿尔泰宾馆，没有收取任何费用。有一场街道场景的戏，为了展现真实的维吾尔族人民的市井生活，大量的当地群众都积极配合，不仅再现了各种买卖场景，女子们还都戴上面纱，认认真真，一丝不苟……朴实的民风、真诚的感情，让我们全体都感动非常。

这部电影是专门为81班筹拍的影片，演员全部是用这个班的学生，对于角色的分配，没有过多的犹豫，以我一个老新疆人的审美观点，选择了富有野性、阳刚之美的帕哈尔丁来饰演迪利夏特，女主角莎尼亚则选择了古丽扎尔。在拍摄过程中，我既要把每个镜头拍好，还要指导学生如何对待人物关系、怎么去表现人物性格、该怎样完成任务，诸如此类的教学内容也要加进去。维吾尔族和哈萨克族的同胞天然悟性很好，他们都天真，放得开，能“相信”，即使是没有经过任何训练的房东家的女儿，让她来串演一下角色，她也能演得没有痕迹，更何况这些学了四年表演专业的学生呢，所以拍摄过程虽然辛苦，但是很顺利，拍出来很真实。

为了达到将电影拍成“一幅新疆风俗画卷”的初衷，我选择了多个地点进行取景拍摄，力求全面展现新疆之美。剧中有一场过河的戏，我在脑中寻找新疆哪里能有一条优美迂回又绵延千里的河，最终，记忆停留在了童年时光，这条美丽的河，就在阿尔泰，我在她的身边，度过了幸福的两年。条件允许，我决定赶赴阿尔泰。出发前，天气预报说阿尔泰会有半个月的雨，现在去，很冒险，但是终究放不下心里的那道美丽的风景，幸运的是，直到我们拍完之后，这场冗长的雨才降下。

这部《故乡的旋律》占尽了“天时地利人和”，拍摄完成后得到了相关领导的高度赞赏，尤其剧中的音乐和美景，给所有观众以极大的艺术享受。通过这部影片的拍摄，新疆班的学生们检验了自己四年的学习成果，并且大大提升了自己的知名度，而我，也用自己的方式，将我心中最美好的家乡展现给了世人。

对古典题材电视剧的探索

“碧云天，黄花地，西风紧，北雁南飞。晓来谁染霜林醉，总是离人泪。”这是元代杂剧作家王实甫的《西厢记》中绝美的唱词。几千年的封建统治、礼教，把中国人压得喘不过气来，摧残了多少人的灵魂和肉体。王实甫以卓越的胆识和深厚的文学功力，写出了这部不朽的《西厢记》，在元代的历史环境下，揭露封建制度的罪恶，歌颂了人性的解放。时至今日，这部元杂剧仍放射着耀眼的光芒，正如张岱所说：“《琵琶》《西厢》有何怪异？布帛菽粟之中，自有许多滋味。咀嚼不尽，传之永远。愈久愈新，愈淡愈远。”

这“许多滋味”也深深地吸引了我。在1985年年底，我开始着手将王实甫的《西厢记》改编成四集电视连续剧，准备自编自导，将这部古典名著搬上荧幕，不仅是希望更多人尤其是年轻人能了解这个动人的故事，更是对如何导演古典题材电视剧的探索和对自己的一次考验。

我仔细研读了元稹的《莺莺传》、董解元的《西厢记诸宫调》和王实甫的元杂剧《西厢记》，了解了《西厢记》的题材流变和人物形象的转变，又观看了大量京剧、昆曲以及各地方戏中的相关剧目，希望能从戏曲表演中获得养分和启发。从1985年年底开始，直到1986年五月，剧本的初稿方才完成。这期间，反反复复，茶饭不思，夜不能寐。看的资料越多，编写得越难。

想把这部名著搬上荧幕，首先要做的，就是摆脱戏曲化，使之影视化。要把王实甫原著中那些情景交融的极美的唱词和文学语言，变成可见可感的画面、造型、气氛和人物的精神面貌。利用现代影视特有的时空转换、张弛结合、明暗对比、音乐、音响、幻觉等多方面因素的结合，使之不失原著的深度和美，又使当代观众能接受它。

其次，古典名著流传百世，每一个时代的人对之都会有自己的新的理解，那么，在20世纪80年代，重新拍《西厢记》，自然也要有新的角度、新的创作，否则，改编的意义何在？近一千年前，我们的先人就提出“愿天下有情人多成眷属”，就敢于“用有生命的人性去战胜无生命的礼教”，可是直到20世纪80年代，封建残余的很多不合理的观念还是束缚着很多人的灵魂，解放人性、对人的价值究竟该如何认识等问题，还是现代人需要思考和做出解答的，而《西厢记》正应该给人们以新的启迪。我在剧中，大胆表现了几千年来中国人由于封建统治而遭受的感情、天性、追求等多方面的压抑和摧残。尽管莺莺和张生勇于反抗，但各方压力无时无刻不在威胁着他们的感情。这些压力固然有来自于别人的，但最大的压力还是来自于他们自身。封建的礼教、道德是深入他们骨子里的，想要解放天性，追求想要的爱情，他们必须先突破自己心里的这把枷锁，这个过程是痛苦的和需要极大勇气的。我着力突出了这个突破自我桎梏的过程，扩大了这个喜剧里的悲剧含量，并希望始终能让观众感受到一股无形的强大的封建压力，让观众思考。

最后，《西厢记》一直是活跃在戏曲舞台上的经典，戏曲有伟大的传统，我个人也十分喜爱戏曲。但是，斗胆地说，《西厢记》在发展演变中，也添加了不少公式、概念化的成分。而在情节和人物上，对原著也有一些歪曲之处。有的简单化地突出反封建主题，人为地制造戏剧冲突，也有的庸俗化地渲染喜剧因素，淹没了原著中的悲剧因素和哲理深度。我在改编中，重点突出了张生与莺莺的主观愿望与现实之间的矛盾斗争；让红娘退居次要人物，加强她的纯真，削弱她的有意识的对他人姻缘的撮合；变老夫人为维护家风、疼爱女儿的善良母亲而不是单纯的恶势力的代表；变张珙为对现实不满、怀才不遇的多情才子而不是文弱书生；把法本、法聪、惠明、孙飞虎和白马将军等人物的戏削弱而加强“崔张”主线。这样的改编，我已经预料到会有很多人不喜欢不接受，因为戏曲中的人物形象已经深入人心，根深蒂固了，而我，是想拍出规定情境下的真实的人，让观众既能喜欢这个故事，了解历史，又能思考人生。

电视剧《西厢记》在中央台播出后，果然引发了论争。我虽然做好了心理准备，但还是感到有些惊讶。我收到各方来信，在报刊上也看见不少评论文章，有十分不喜欢的，对我提出了意见，但同时也有很多人十分喜欢，认为我为如何改编古典名著走出了新的路子。每个人对名著都有自己的理解，对人物都有自己的想象，比如在演员选择上，有些人认为选得不像，因为张生就应该是白白净净的文弱书生模样。可是世界上本没有“就应该”这样的事情。书生是什么样子？对角色的分析和理解，反映了创作者对人生、对社会的认知。我认为书生既有文弱的，也该有英武的，关键在于书生的气质，而张生如果一味地突出他的懦弱，“风欠酸丁”，那么莺莺还会这样喜欢他，为他不惜在热孝期间在庙宇之内与他私订终身么？由此，张生的演员，我选用的是表82班的张康尔，他既有文气的一面，又有些粗犷的感觉。另外，饰演莺莺的是表82班的李芸，饰演老夫人的是表演系的老师江韵辉，对于演员表演的分寸、真实感的把握，我是有自信的。

面对批评，我也曾思索，是不是自己对《西厢记》、对人物的理解有错误呢？不管是不是真的有错误，我相信一点，那就是改编文学作品，要忠于原著，而不是忠于戏曲舞台呈现出来的模样，这是艺术创作的标准。截然相反的两方意见数量相当，各阶层的人都有，这也说明我的探索是有意义的。

缘分指引的作品

1995年，新疆电视台的一个制片找到了我，新疆维吾尔自治区党委宣传部、自治区公安厅、昌吉回族自治州、自治区广播电视厅、新疆电视台五家单位要联合摄制一部四集电视剧《马建军》，歌颂一个玛纳斯的英雄，一个为了抓住歹徒而英勇牺牲的警察。我的老家就在玛纳斯，所以他们请我回去做这个电视剧的导演。

电视剧《马建军》工作照　左一：马明武　1985 年

导演家乡的电视剧，歌颂家乡的英雄，我自然义不容辞地接下这个工作。当地编剧写了一个剧本，我看后，又让苒苒从头到尾修改了一遍。

马建军是一个警察，一个普通人，与所有警察一样，每天忙于工作，到深夜才能回家。他对片区内的百姓非常好，谁家有了困难找到他，他都尽心尽力去帮忙解决。

直到生命的最后一天，他在百货公司看见两个小偷，与他们搏斗时被捅伤，又被拖行了二十多米，最后英勇牺牲。平凡的英雄最感人，我们在改剧本的过程中就已经被马建军的事迹和精神感动了，下决心一定要拍好这个电视剧，告慰英灵。

等到了玛纳斯，回到家，和妈妈说起这个事，才发现我们和马建军的缘分不浅。不仅马建军的父亲和我的父亲熟识，而且我的母亲是马建军的接生医生。这真是冥冥中缘分指引么？我的母亲迎接马建军来到这个世界上，而我，要用这部电视剧送他一程。

通过走访马建军的家属和生前的同事、朋友，我对马建军这个人有了更深入直接的认知。他对待百姓一片热忱，对待犯罪绝不姑息，对待家人又充满了爱意，所以马建军的形象应该是高大、硬朗又不失温情的。演员选了好久，都不满意，我的弟弟马明武一直陪着我，我正一筹莫展的时候，回头正好看见他，形象气质不正是我一直要找的人选么？马明武本身就是军区文工团的歌唱演员，身为军人，自然有与警察类似的硬朗气质，虽然他没有过影视表演的经验，但对于表演本身是不陌生的，选他正合适。和剧组、摄制单位一沟通，他们也都同意我的意见。

这部电视剧要在当年的7月1日播出，时间很紧，所以我在这个戏里大胆采用了双机拍摄的方法，这在当时的电视剧拍摄中并不多见。双机拍摄的好处，就是演员可以真实地面对面交流、演对手戏，有利于拍摄效果的达成，加快拍摄进度。警察办案的地点非常多，有城里的，也有天山牧区的，我们需要赶到不同的拍摄地取景拍摄，整个拍摄时间是40天，大部分在路上，而全剧2000个镜头的实际工作日，只有18天。剧组的成员都被英雄的事迹感动着，都觉得拍不好对不起英雄，因此大家都很团结，经常工作到凌晨四五点钟才休息，人人眼里都布满了血丝，但精神都很振奋。

拍摄中，有几个镜头让我至今难忘。马建军忙于工作，已经好几天没有回家了，等终于回到家里，看见妻子马晓红，正想跟她亲热一下，马晓红害羞地推了他一把，并嗔怪道："看你，还像个顽皮的孩子，你先坐下，我去给你端盆洗脚水。"等马晓红把水端来，她发现马建军已经在椅子上睡着了。马晓红深情凝望着丈夫，默默蹲下身来，帮马建军脱去鞋袜，给他洗脚。我看着演员们的表演，心里就在想着这里一定要配上优美深情的音乐，烘托这样温情的时刻。这个画面太感人，全组人都静静地看着，忽然一阵哽咽的哭声传来，我回头看，原来是真实的马晓红在哭泣，是啊，我们只是为别人伤心、感动、惋惜而已，可对马晓红来说，这是真真切切的生活回忆和蚀骨的伤痛。

另一个镜头，就是给马建军送葬的那场戏。原计划要800个群众演员参加，结果拍摄那天，天气特别的好，玛纳斯县委、县政府、县公安局大院集中了两千多个群众，他们按剧中要求穿戴着素色的服装，送葬的队伍庄严肃穆，阿訇念经，人群举哀，悲痛的气氛笼罩着送葬的全过程，不论是主要演员还是群众演员，大家都很投入。所有人都在用这种方式向英雄致敬，与英雄告别。现在想起那个场景，依然让我感动不已，当然，相信电视机前的观众看了这场戏，也会为英雄掬一捧敬佩与感动的泪水。

导演的艺术道路并不好走，我最初踏上这条路时，虽然算不得筚路蓝缕，但是却一直保持着一颗上下求索的心在这条路上摸索前行，期间的曲折坎坷、艰险心酸，不足为外人道也。至今为止，我的导演作品包括九部电影和多部电视剧，在这些作品中，大家可以看到很多我的学生的面孔，就如我们拍第一部电影的初衷一样，我一直坚持在自己的作品中尽量多地选用自己的学生，给学生们尽可能地提供走上银幕的锻炼机会。毕竟，表演系教师才是我们的"第一职业"。

四、属于我的喜剧舞台

走到舞台中间，灯光亮起来，看着空空的观众席，那里在几个小时后，会坐满了观众。回头，再看一眼舞台上的舞美灯光，确保一切无碍。这里是我熟悉的小剧场，我曾无数次走进这里，指导学生们在这个舞台上表演，然后坐在观众席里，送走一批又一批。我应该激动的，因为今天我的身份不是老师，也不是观众，而是一个真正的喜剧演员。但当我真的站在这里时，心里反而平静了。命运不算亏待我，虽然有点晚，我已经五十四岁了，虽然剧场不大，只是学院的小剧场，可终究让我的“做一个喜剧演员”的愿望没有落空。此刻，我所要做的，就是静静地等待和享受这属于我的《马精武喜剧专场演出会》。

我热衷于喜剧，因为我认为喜剧最难演。中国喜剧的特色是靠幽默的语言，但同时又需要严谨的行为逻辑和思想逻辑，不然很难造成喜剧效果。低俗的、不雅的、胡闹的所谓笑料都不是真正的喜剧因素，靠这些获取观众廉价的笑容的也不是真正的喜剧表演。喜剧的价值，不在于“让观众笑”这个结果，而在于追求这个结果的过程中，让观众感到愉悦。多年来，我的这些喜剧观点不仅体现在我的电影里，也经常出现在我给朋友们表演的小节目中。将自己演过的以及想演的喜剧作品汇总起来办一个专场演出，这个愿望由来已久，然而，想办专场，场租、灯光、舞美、化装、道具、服装、摄像、音响等等一切费用都需要自己想办法支付，这对于一个穷教员来说谈何容易。

幸而英君科技有限公司愿意为我慷慨解囊，赞助了我一万多元的资金，让我在年过半百之后，终于能完成这个愿望。机会来之不易，自然要珍惜，我不仅将平常经常表演的喜剧节目进一步精致化，还专门为了这台演出创作了新的小品。演员中，不仅请了表演系的师生帮忙配合，还请了侯耀文和新疆的小姑娘古丽友情出

《马精武喜剧专场演出会》正式演出前与观众的会面 1992 年

演。为了节约经费，马川除了配合我演出外，还是整台演出的策划，而我不仅自编自导自演，还亲自加入到舞美设计的工作中。经过紧张的排练和各方准备，我的喜剧专场正式拉开帷幕。

观众们陆续落座，主持人走上台来，他们是崔新琴和柳健，作为年轻一代教员，他们也感叹举办专场的不易。然而，唏嘘是短暂的，欢笑才是专场的主题。第一个节目，就是我新创作的小品《评教授》，通过在桌子下面迅速换装和变换不同的方言，我一人分饰了四个角色，从南到北，有男有女。他们就“马精武是否能评为教授”的问题各抒己见，有的左右为难，有的事不关己，有的干脆仗义出让，这是我对于自己总也评不上教授的现状的调侃，听着台下的笑声，就知道和我一样深受这评选之苦的

《评教授》剧照 1

《评教授》剧照 2

《评教授》剧照 3

《评教授》剧照 4

还大有人在。晚会中，我还有两个节目，被冠以“小幽默”的名称，按现在的名词来说，就是脱口秀。学习各地方言是我的强项，舞蹈也是我所擅长，这两个节目中，我如说单口相声般，将南北方言和舞蹈中的幽默因素挖掘出来，夸张、放大，让观众忍俊不禁，还将“文革”中参观河南二七公社时看见的红卫兵的歌舞演出搬上舞台，这个根本就不用我再多加演绎了，仅原样重现，就能让台下笑出泪花来。节目的形式是多样的，除了我自己的独角戏以外，与表演系师生合演的面具小品《资本主义选举》是对喜剧表演的探索和尝试，戴上面具，不用台词，全凭肢体语言让观众会心一笑。与钱雁秋合演的双人小品《等待女友》，我再一次一人饰演了看自行车的大妈、骗子、公园管理处的大爷以及钱雁秋等待的女友的妈妈，千人千面，绝不雷同，这是我对于表演的自信展示。与侯耀文、孔琳合演的小品《完美少女》，用喜剧的手法提出对艺术和金钱的关系的思考。我曾经想把《金玉奴》搬上银幕，可惜没有成功，这次专场我选择了其中一个片段上演，里面凝聚了我对于中国古典喜剧表演的理解，与之相对应的，就是我们对欧洲喜剧的感悟，我与苒苒共同演出了《钦差大臣》的片段，作为整台专场演出的大轴。表87班、表89班的学生都积极地参与了晚会的创作，没有大家的支持，也就没有此次的演出。

两个多小时的演出顺利结束后，我回到后台，身体已经极度疲累，精神却非常愉悦和亢奋，多年夙愿一朝实现，又怎么能不激动呢！《马精武喜剧专场演出会》总

小幽默《南北歌舞》剧照

喜剧晚会谢幕

共进行了三场，为了让这些精心准备的节目都能顺利地演出，我选择了不对外公开售票，只请了各方领导、同学、同事以及我的好朋友们前来观看，或许这限制了演出的影响范围，但也让我可以恣意地演，尽情地展示我想要表达的，并与朋友们获得艺术和情感的共鸣，让这三场演出成了专属于我的喜剧舞台。

第五章

金光大道

23岁的时候，我走上表演系教师的岗位，时光匆匆，

白驹过隙，学生们陆续成才，我们却一不提防，

须发斑白矣。然，鬓微霜，又何妨？

我们愿意将毕生所学和人生经验传授给学生们，

更愿意用尽心力，护着他们，推着他们，朝那条金光大道走去。

一、学为人师

1960年，我大学毕业，学了四年专业的电影表演，未来当然是想做演员，我在分配志愿上填的是北京电影制片厂和长春电影制片厂。这时学校领导找我谈话，因为学校缺教员，我是优秀学生，希望我能留校任教。我的回答很简单，就几个字："服从分配。"自此，开始了我在北京电影学院的三十余年的教学生涯。

从学生变成教员，这不是一个简单的过程。四年的学习中，我只学习了如何做一个好演员，现在随着身份的转变，我也开始了一轮新的学习：如何做一个教表演的老师。

学校最初把我分到了表演系60班，主任教员是我的老师张昕，我给她做助教。后来学校想做一个教学尝试，看看能不能从初中毕业生中就开始培养演员，于是招了一批小学员，共有五十多人，分成了甲乙两个班，这就是62小班。我被调到甲班，做欧阳儒秋老师的助教。

同样是坐在这个教室里，看着欧阳老师教表演，但是学习的角度已经完全变了。上学时是注意老师教授的表演知识和技巧，现在学习的则是老师如何针对每一个学生用不同的启发和训练方法。表演的教学，难在需要一对一。每一个学生都有自己的特点，有的可能反应很快，有的稍慢一些，有的深沉内敛，有的则外放活泼，这并不是衡量一个学生好坏的标准，老师应该根据每一个学生的实际情况用不同的方法教学，发现每个学生的优点和缺点，帮助学生正确认识自己，让他们能扬长避短，努力让有素质的学生都学有所成。听着老师的课，回顾着四年来老师给我们上课的情景，对于如何做一个表演系老师，我逐渐有了感悟。

表演课以外，还有很多理论课。欧阳老师有意识地培养我们年轻教员的理论研究和教学能力，要我帮她写教学讲稿。初接这个任务时，我很有些紧张。这和上学时交

表56班毕业照　前排左起：黎莉莉　欧阳儒秋　吴印咸　张昕　唐远之　邸力　1960年

作业可不一样，作业可以有错误、有偏差，而讲稿，是老师要教授学生的知识，一点差错也不能有，否则就是误人子弟了。这个责任太重大，以至于我在写下每一个字时都仔细斟酌再三，尽量早地交给欧阳老师，请老师帮助审查修改，这才敢真的将它用在教学上。这项工作逼迫着我研读了大量的表演理论，斯坦尼斯拉夫斯基、布莱希特等等戏剧大家的表演理论和表演流派我都做到了读懂读透，并且能针对北京电影学院的教学做出理论概述，这为我打下了极为扎实的理论基础。等到了课堂上，欧阳老师在讲台上主讲，我在下面记录，注意观察老师如何让枯燥的理论课变得有趣生动，学生们在哪些情况下会反应强烈，一一记在心里，回去后自己总结好，为将来自己独立授课做好准备。

62小班的所有学生都是初中毕业生，他们一共在电影学院学习了六年，除了要学好文化课打好文化基础外，在专业课学习方面，我们也制订了一套完整的教学方案。我们的教学理念和经验，深受斯坦尼斯拉夫斯基的影响，学习都是从大量的判断、交流、感觉、内心独白这样的基础训练开始，然后是小品、多人小品、片段、独幕剧这样按部就班地教学。除此以外，根据斯坦尼斯拉夫斯基的体验论，我们还倡导学生们仔细观察生活，我就带着这班学生去菜市场、大街上观察人和事，结果有的学生直勾勾地盯着人家看，让人家起了误会，闹出了不少笑话。到了排小品作业时，欧阳老师把全班学生分成了几个小组，让我独立教授一组，给他们排演小品、片段等等。至此，之前我的学习和积累得到了实践机会。得益于我在电影《风从东方来》和《停战以后》里的拍摄经验，我明白拍摄电影时导演会对演员的表演有哪些要求，再结合从老师那里学来的教学法，我可以按照自己的所学所悟，有的放矢地教授学生、启发学生。同时在教学的过程中，也能不断发现自己的不足之处，这让我和学生们共同成长，不断充实和壮大着自己。

生活上，这个班的学生们很艰苦。上学的头三年，赶上困难时期，吃不饱，还要坚持上课学习，我看着这些孩子们饿得难受，心疼得很，虽然我有几十块的工资，可那是个有钱也买不到多余粮食的年月，没办法，只好带着这班学生到新街口，买刨冰给他们吃。刨冰当然吃不饱，但是看着他们一个个捧着刨冰咧着嘴笑，我心里总算稍微好过些，解解馋也是好的，在艰难岁月里，这些笑容是最能温暖人心的东西。

由于时代原因，这班孩子们的人生道路充满了变数。困难时期刚结束，这个班的最后两年就赶上了各种运动，学习被干扰打断，去山西参加“四清”，去大西南慰问铁道兵，他们都参与了。考虑到学生需要实践，在“四清”时，我还是给他们排了一台大型晚会，让他们以话剧、小品、歌舞等形式展现自己的才华，检验自己的学习成果，但这也只是让他们“见见观众”而已，原计划的多幕剧和毕业论文教学都没有进行。等到要毕业了，他们终于要走上影视的工作岗位时，“文革”开始了，一耽误就是十年，他们一毕业就直接就被下放劳动，最后进行分配。

62表演小班，是北京电影学院在演员培养教育上的一次尝试，最后结果证明，从这样小的年纪就开始培养演员，存在诸多弊端。有些学生，入学时形象等各方条件都不错，老师看出来他们身上有潜力，具备成为一名演员的素质，但是随着年龄的增长，青春期过后，这些学生的身材、形象都发生了一些变化，原本是适合做演员的，毕业前可能就变成了不适合。除了外形条件外，学生的个人素质在经过了六年的学习生活后也可能发生偏差。演员的成材率本来就不高，在平顺的年代里，一个本科班的数十位学生，最后能成功的也不过寥寥数人，更不用说这些经历了动乱历史的小班的学生。毕业在1966年，这五十多个人里，最后从事影视表演的仅仅有曹翠芬、李文玲、谭天谦、李明珠、赵守凯、朱建民等少数的几个，很多人都没有从事影视表演这一行，而是被埋没在历史的洪流中了，现在想起来，我们都会为这批学生扼腕叹息。

二、教为人师

1978年，在《最后一幕》的演出之后，北京电影学院恢复招生。那一年，报名的学生非常多。这是预料中的情景，这些学生中，有些是正赶上好时候的青年，有些则是压抑了十年，怀揣着对电影的热爱，想要“抓住青春的尾巴”实现梦想的人们，如张艺谋、陈凯歌、周里京等等，都是那年破格招的超龄的学生。

十年，邸力、史宽、张昕、欧阳儒秋、唐远之等表演系的老一辈教师，经过多年的磨难和岁月侵袭，已经日渐苍老，对于繁重的教学任务显得有些力不从心。而表演系的所谓教学的“中坚力量”，就是我、苒苒、刘诗兵、钱学格、林洪桐等七八个老师，我算年轻的，却也年逾不惑了。除了北京电影学院的“固有力量”外，因为曾与

接待高仓健来访

中央戏剧学院合并了三年，所以在北京电影学院恢复独立后，从中戏也分来了几个教员，包括郑建初、张华、李占文等，但整体而言，北京电影学院表演系的师资力量显得不足，青黄不接，急需一批年轻的教员补充进来。当时，欧阳儒秋老师是表演系领导小组的组长，我是副组长，她让我起草了一个报告，希望能招一个专为培养师资力量的师资班，学制两年。报告递交上去，得到文化部的批准，表演系78级师资班的招生工作正式开始。

师资班应该招收什么样的学生？欧阳老师、唐远之老师和我经过反复研究，决定招生对象以北京电影学院、中央戏剧学院的已经毕业的表演系学生为主，当然也不排除招一些社会上喜欢表演的文化水平比较高的人。后来以欧阳老师为首成立了招生委员会，我们开设了长春、西安、北京、上海四个考点。考试报名很踊跃，因为有一批表演系的毕业生，一毕业刚好赶上“文革”结束，没有分配，他们正在发愁自己的出路，我们的这个师资班相当于“定向培养”，这能解决一批人的实际问题。考试很严格，虽然学制只有两年，但我们也完全按照本科生的招生办法，严肃而认真，要通过三试和文化课考试才可以入学。

最后这个师资班共招了二十多位学生，这里面有“新生”，如崔新琴、霍璇、杨钢、柳健、程晓英等，也有一批中戏和北电已经毕业的老学生，如黄加明、刘斯民、刘汁子、陈鲁、李克己、朱宗琪等，另外，那几位中戏分来的年轻教员也一起进入这个班回炉深造。

两年里，主要是唐远之老师和我来教这个班的课业，系里和唐老师对我都比较放心，所以让我实际负责这个班的教学工作和学生的相关事宜。

这个班的学生优点很明显，那就是他们大部分都系统地接受过表演的学习和训练，在表演方面，我们教起来比较轻松。他们是入过殿堂然后又被无情打入深渊的一代，他们目睹了这条路上有多少同学最后与当初的理想挥手告别，所以他们深深地知道，能再次迈入北京电影学院的大门，对他们来说是多么艰难，多么可贵，又意味着什么。与刚入学的78级本科班的学生们比起来，他们的学习热情似乎更加高涨，我安排他们与本科班的同学一起进行大量的电影观摩，一周看四部，国内的、国外的，过路片、进口片，这些难得一见的影片打开了他们的眼界，给了他们很大的启发，他们也如饥似渴地吸收这些养分，谈体会，写感想，仿佛是要补上这十年里被耽误的一切。而在这样的学习环境里，那些没有系统学过表演的学生，精神上受到极大的感染和振奋，业务上被这些有基础的同学带动，也大大提高了他们的学习效率和效果。仅仅半年，我就结束了他们的基础练习，直接进入了小品片段练习。

教学法，是除了表演技巧和理论外，我们最需要教给他们的知识。这个班就好像电影表演的师范班，怎样启发学生，怎样做个伯乐发现学生的优缺点，怎样解放学生的天性等等，我们以自己的教学经验言传身教，同时，在小品和片段练习中，也有意识地锻炼他们“为人师”的能力。让学生们两三个人为一组，每组一个题目，编小品和片段，我们这些教员先不给指导，而是让各组互相指导排演。这其实就是让他们轮流进入“表演老师”的角色，哪位同学有什么特点，适合什么样的角色，这个小品或片段应该是什么感觉，如何启发同学们达到这个感觉，等等这些问题，他们都根据自己的感悟和理解慢慢摸索着展开尝试。当他们遇到困难、问题或者方法不对时，我们会及时予以帮助和纠正，但有些时候，他们的一些“神来之笔”，也让我们眼前一亮，经常能有“教学相长”的收获。

动荡刚刚结束，不论是这些学生，还是我们这些老师，都在尽力地想抓住手中的每一分每一秒，让自己的人生变得有意义。在这样的心情映衬下，时间好像流逝得飞快，转眼，两年过去了，78级师资班的学生们该进行毕业大戏的排练，迎接人生新篇章了。

为什么影视表演的学生要以话剧作为毕业大戏？因为只有在话剧里，人物形象的塑造、性格的走向变化、矛盾冲突的展开、戏剧情节的高潮低谷等是从头到尾一气呵成的，只有一次机会，不能重来。不像影视作品，一个镜头的表演如果没到位，可以再来一遍，情节、人物的塑造都不是以故事的发展先后为顺序，而经常是根据剧组人员、行程、天气、环境等诸多因素的需要而调整镜头拍摄的先后，所以“先生孩子后结婚”、先拍老年再倒回去拍年轻时等情况屡见不鲜，这对演员的情感连贯、演技是莫大的考验。如果演员经过话剧的严格训练，那么这时就没有多大的障碍，他们把在话剧中连贯的表演经验烂熟于胸后，在影视拍摄中，就可以自己把情绪分开，什么地方应该使劲、什么地方不该使劲就会很明确，如果没有接受过这样的训练，表演就可能会一道汤。所以我们认为，给学生排话剧，是培养影视演员最重要的一个渠道，是他们毕业前必须经受的考验。

78级师资班的学生们应该选用什么样的剧本作为大戏呢？刘诗兵找到了他的好朋友，北京电影制片厂的导演都郁，他去东北林区生活采访后写了一部七幕话剧《哦，大森林……》，大胆描写了“文化大革命”中知识青年的命运和故事，我们决定将这作为师资班的大戏剧本。

都郁的创作初衷是：“生活是变幻无穷的。现实中的英雄也是具体的，看得见的，摸得着的。他们经受着各种风雨和曲折，怀着崇高的理想去生活、去斗争。这样，摔倒了，才会爬得起，经过失败，还不丧失勇气。他们没有被苦难吓倒，没有被失败窒息。这样，才会出现经过斗争换来的朝气勃勃的今天和更加灿烂的明天。”而剧本，讲述的正是“文革”十年中这一代年轻人的遭遇和命运。1966年秋，红卫兵林宇把一个抓到手的大走资派放了，引起了这支红卫兵队伍的分裂。林宇告别了自己的爱人，与一些战友来到了东北原始大森林。但是，黑暗笼罩着每个角落，大森林里的斗争也同样残酷。在一手遮天的林区土皇帝高一鸣的欺凌下，这些年轻人饱尝苦难，他们的生活和爱情屡经挫折，经过痛苦的思考和斗争，终于各自走上了不同的道路：

有的被侮辱而自杀；有的被逼几乎发疯；有的被诬陷而戴上手铐；有的被迫要投奔国外。然而除了苦难，这帮年轻人也受到了鼓舞。他们遇到了被错划成右派的岳邦彦，遇到了被林宇放走的大走资派“六百号”。有一天，多年不说话的“六百号”突然开了口，用生活的哲理来鼓舞年轻人坚信未来，勇敢前进，而这些年轻人，最终在苦难和重压下没有失去生活的信念。

在1980年，如此直接否定和批判刚刚结束没多久的“文化大革命”，今天看来，这是具有相当的现实意义的作品。剧中那一个个人物也让我们感觉非常熟悉，我们这一代，是在斗争和磨难中成熟，而78级师资班的很多同学们就像剧本中的这些年轻人一样，在动荡中成长。他们经历了坎坷和曲折，经过失败，但他们最终没有放弃梦想，在风雨中站立起来，他们，也正在用“斗争”换取朝气勃勃的今天和更加灿烂的明天。《哦，大森林……》是很适合师资班学生表演的大戏，他们正跃跃欲试。

作为执行导演，要成功排演这部话剧，摆在我面前的第一个难题，不是学生们的表演能不能到位，而是舞美问题。怎么样才能在极为有限的资金条件下让这出大森林里的戏剧得到生动展现？在舞台上搭出逼真的几堂景显然不可能。思来想去，我决定借鉴传统戏曲里的“虚拟”方法，利用几个不同几何形状的平台，通过不同的拼接组合方式变幻场景。这样的方法既能最大限度地节约经费，又能锻炼学生们的表演技能，因为布景越简单，越虚拟，就越需要通过演员的表演让观众相信此时的戏剧环境。

在舞台呈现方面，我做了几个大胆的尝试。比如在剧中有一场戏，郑建初饰演的于红姑在台上现场独唱，这时造反派要来揪斗她，我们没有回避，而是大胆地直接表现“揪斗”场景，为了让观众能更加身临其境，感受那残酷的“热情”，我让演员们事先埋伏在剧场后面和侧面的各个出入口，等到“揪斗”开始，这一大群演员突然出现，喊着口号，从四面八方涌上舞台，观众和舞台之间的距离瞬间被打破。不论是演员现场独唱，还是演员从观众席涌上舞台，这些新尝试，在当时的话剧舞台上都是难得一见的表演形式，而从观众的反应来看，这些尝试是成功的。

《哦，大森林……》不仅是北京电影学院78级师资班的毕业大戏，同时，它还是我们庆祝中华人民共和国成立三十周年的献礼演出。我们连续演出了多场，最后，这部剧荣获了文化部演出二等奖。而随着这部剧的演出落下帷幕，师资班的同学们也迎来了自己的毕业典礼。他们本就是我们为了壮大自己的师资力量而做的“定向培养”，毕业后，大部分都留校做了老师。从1980年至今，当年课堂上的学生们也已经成了诸多学子心中仰慕的名师，他们接替了我们这一代，成为北京电影学院表演系的中坚力量，这是我们为母校做的努力，看到现在的他们，我们心中的欣慰、欢喜不可言喻。

三、思为人师

教学改革之思考

通过多年的教学和影视作品的拍摄工作，我越来越清晰地认识到“适应”这两个字的重要性，作为一个合格的演员，不仅要适应各种角色的要求、适应各种题材作品的要求，还要适应不同导演对表演的要求等等。这固然需要演员在实践中不断地学习和进步，但是作为老师，我想的是，能否在表演课堂上就对这些学生们进行这种“适应”性训练，为他们将来的事业道路打下更为扎实、平稳的基础呢？当我在思考如何才算是科学的表演教学方法时，1987年，系里决定让我带一个班，这为我实践那些教学改革的想法提供了机会。

从招生工作开始，我就有新的尝试，那就是 “不拘一格收人才”。招收表演系的本科生，外形是否亮丽自然是很重要的招生标准，但是我在表演系87班的招生工作中，除了看外形条件外，更为看重考生的素质。在最后招收的22名学生中，张小童（张嘉译）岁数很小，但是素质和形象都好；邢岷山昆曲坐科出身，英武帅气，素质很好；张子健的父亲是著名的快板书表演艺术家，他幼承庭训，素质极佳，这样的考生自然也不能错过。除了这些学生外，我还招了一些形象有个性、有特点的孩子，比如钱雁秋，表演系毕业，却成为一名好导演，《神探狄仁杰》就是他导演的作品系列，考试时，他长得很不起眼，瘦高，小脑袋瓜，但是他读了大量的书，十八九岁的年纪，中国的历史、名著包括很多杂书都已经读过，难不住他，冲这点，我毫不犹豫地录取了他。后来87班的班长，胡晓光，长得像土匪一样，明明只有22岁但看着像有40岁了，不过这种形象也有优势，一步到位，未来不会有太大变化，而他的素质，让我对他的未来充满信心。

正式开学前，我针对87班起草了详尽的四年教学计划，并与系里领导和其他教员反复讨论，最终我的教学改革建议得到通过。总结起来，对改革的设想主要有以下几点：

一、教学内容要多样化，要有思想、艺术深度。

这四年里，要自始至终地坚持基础、技能训练。内容上，要比以往各班丰富一些，可以针对不同学生用不同的教材，同时不限制各科教员的基础训练内容，但要力争做到各科的相互配合。

教学的内容要大胆开掘。古今中外的作品，文学、电影、戏剧、舞剧、歌剧、说唱艺术等等，不拘一格，只要对培养学生有利，对发挥某些学生的才干有利，就可以作为教学内容，争取让每个学生都能接触到一两个典型的人物形象，以加强学生的可塑性。

要激发学生的创作热情。从第一学期就要鼓励学生自编小品，随着教学的深入，鼓励并帮助学生自己改编创作片段、独幕剧以及电视剧等。我们也可针对学生的形象、素质、性格等条件，为他们撰写剧目，这就是最好的教材，如我们给78班编写、拍摄的《端盘子的姑娘》就是成功的先例。这项工作要从学生入学起就做准备。

二、教学方法上要进行尝试性的改革。

随着电影观念的更新和电影制作水平的提高，我们在培养电影演员的技能方面也要进行相应的探索。其中，对当代人的精神世界的领悟，发挥每个演员自己的创作个性和魅力就显得尤为重要，我们要培养全面的有深度的演员，不能把学生都培养成一个规格，不能让学生依赖教师，这就需要在教学方法上做些改变。

首先，我决定采用“大负荷教学”和“就高不就低”的教学方法。

87班的教学中，作业量要比以往各班都要大，并且都有明确的达标要求，如果前面的作业没有达标就不能进入更高层次的作业。教学要跟着优秀学生的进度前进，激发学生去努力完成高标准的作业。这会促使学生更主动地进取，发挥他们独立思考、独立创作的能力。当然，对后进的学生要采取不断启发和辅导的方法，让大多数人都能跟上教学的步伐。

其次，要注意解放和发展学生的创作个性。

在学习正确的表演方法之前，有些学生会对表演方法有错误理解和幼稚的表现，甚至会有大量虚假、过火的表演，包括在声乐、语言、形体等方面会有一些习惯和毛病。这是正常的，然而我们也须看到，初学者又有许多朴直、天真的想象，有某种由衷的自信，有热诚的追求和创作欲望。若老师采取“打掉毛病”的办法，以统一的表演、素质规格来要求他们，往往会使学生产生自卑心理，甚至妄自菲薄，久而久之，就会磨平了个性，失去了光彩，这是不可取的。但这并不意味着我们可以任由学生爱怎么演就怎么演，不指出他们的毛病，这样他们不能掌握正确的表演方法和技能，也不可能培养成才。

怎么能既保留学生的天真和热诚，又让他们在表演学习上获得长足的进步？这就需要教员善于观察、了解每个学生的个性，发掘他们潜在的表演天赋。通过横向的综合教学，在不同的表演形式和领域中发挥他们的长处，建立他们的自信，再以有针对性的教材内容提高他们自身的优越素质。对他们的短处，包括不能容忍的毛病，都不要轻易地批评，而是要通过加强教材的难度、深度，促使他们自觉到在表演上的幼稚和错误。并通过示范教学、带动教学的方法，树立榜样，让学生提高审美水平。用启发式的方法，发挥他们的长处和可塑性，让他们自己意识到自身的短处和局限性。力争在这四年的学习时间里，让每个学生都能找到自己通向表演艺术高峰的道路。

再次，要循序渐进，进行多层次、多技能的教学。

基本功的训练应该是自始至终、由浅入深的。个别优秀的学生则可以引导他们从声乐、语言、形体、表演四方面向更高的水平发展。要让学生既能在镜头前进行生活化、细腻的表演，也能在舞台上进行戏剧化的表演，甚至鼓励少数有才干的学生表演歌剧、舞剧、诗剧、戏曲等等。

当然教学的重点还是要放在电影表演技能的培养上。从前五个学期的电视录像、电视小品，逐步提高到第六、七学期的影、视成品教学，从易到难，提倡学生们结合学到的电影文化知识，自己动手改剧本、分镜头和拍摄。要通过不同风格、样式的题材来多方面锻炼他们。

最后，要组织好横向综合大课的教学。

计划在第一、二学期，每三周进行一次声乐、语言、形体、表演四门课的横向综合大课。第三、四学期变为每四周一次。开设这样综合大课的目的，在于共同研究、解决学生在表演技能上存在的问题。大课上要进行多样的表演练习：素质训练，包括即兴表演练习、音乐小品、语言和形体表现力练习；抽查各门课作业的完成情况，对具体作业、学生进行综合的分析并制定解决办法；观察生活练习和职业技能练习要不断进行，逐步从外部模拟过渡到深入人物内心和表现性格。大课对学生有明确的针对性，重要的是把每次课组织得生动活泼，激发学生的创作热情。

三、教员的培养和作用。

横向综合教学，能促使声乐、语言、形体、表演这四科的教员在业务和学术上进行交流，从不同角度，共同努力地去发掘每一个学生的优越性，解决他们的局限性，从而提高教学质量，激发各科教员的积极性和责任心。

作为主任教员，要注意发挥每个教师的特长，扬长避短，互相配合，并不要求教学内容的统一、规格化，每个教师都可以大胆地发挥才干，进行教学上的探索。而每个年轻教员也都有独立授课的机会，让他们能发挥自己的创作个性和艺术想象，并大胆放手由年轻教员排独幕剧、电视小品等。

要求老师们都要认真备课，从准备教材到课堂教学，每个教员都要有备课的文字材料，讲授理论课要有讲稿，并随时召开教学小组会，集体备课，总结经验教训。

另外，我还准备试行教员带动性教学。作为一名表演教员，自己首先得是一个好演员。以我和苒苒与学生同台演出的经验，可以证明在一些难度较大的片段、独幕剧、多幕剧等成品教学中，教员担任一些角色既可以在表演业务上带动学生，又可以使教员自身在业务上得到锻炼。

四、深入群众，深入生活。

要组织学生参加一定的工厂、农村生产劳动和军事训练以及社会调查。要教育学生随时向社会、向生活学习。让学生养成观察、研究、体验各种人各种阶层和各种生活形式的习惯。

五、考核方法。

考核方法也要多样化。做到使学生随时能意识到“要重新认识自己”、“看到自己在艺术上的不成熟”、“要努力达到更高的境界”、“考核对自己是鼓励”。主要的考核方法包括以晚会节目检验，以优秀片段、独幕剧、多幕剧和声乐、语言、形体课的成品节目演出检验等多种，由教师综合评分。此外，每学期都要求学生做专业学习的总结，要切合实际，要有独立见解，记一个学分。在此基础上，最后一个学期，要求学生写出毕业论文，进行答辩。

在实际教学中，虽然之前的设想因为课时紧张等现实困难没能完全实现，但是“解放、发挥学生创作个性”、“大负荷教学”的教学改革尝试还是颇有成效的。仅第一学期，学生们除了大量的游戏、歌舞、观察生活练习和模仿练习外，还做了单人小品44个，双人小品65个。通过这些练习，不仅让老师们以最快的速度了解到每个学生的特点，也让学生们对自己的优缺点有了一个大概的认识。对于一些“过火”表演和不成熟的“人物形象”表演，我们都没有生硬的阻止，而是引导他们表现他们熟悉的人和事，提炼符合生活逻辑的行动，进而向富有激情的、有兴味的创作境界前进。大部分学生在表演基本元素上掌握得比较快，能做到排除杂念和紧张而得到“解放”。而师生一同评说和共同表演小品的示范教学，也使得绝大多数学生能从起步开始就有艺术鉴别的能力，有独立创作的积极性而不依赖老师。

我一直提倡学生应该接触尽可能多的老师，我接触的导演比较多，深刻感觉到一个导演有一个方法、一个要求，而老师也一样，一个老师一个品行、一个教学方法。为了让学生们毕业后对不同导演都能有适应能力，我在87班的教学中采取了多教员轮流教学的方法。除了我以外，还有柳健、周里京、张华、张岱宗、李苒苒、朱宗琪等等老师，整个表演系但凡能争取来的老师我都争取过来给这个班上课。每个教员都有自己的长项，学生学的“面”越大，技巧就越丰富，功力就越扎实，将来的适应能力也就越强。

当然，除了业务，我一直强调的品德和真诚也一以贯之，给他们上的第一堂课，就告诉他们，想做个好演员，首先要做个好人，要塑造更美好的自己。对待任何事都要以一颗真心，在创作角色的过程中，要全身心投入，要赋予角色思想和行为合理性，这样在未来的表演中才能真诚而感人，为了让他们能达到这一点，我在教学中大量引用了心理学的内容，包括犯罪心理学。或许现在的年轻人看了这些话，会认为我这是在喊口号，但这确确实实是我的人生经验，虽然说“师傅领进门，修行在个人”，但我还是愿意把我认为最宝贵的经验传授给学生们，并且希望他们能认识到这些经验的重要性。

总之，在整个教学小组内统一思想认识的基础上，我在87班的教育上进行了一些教学内容、方法、考核方法的改革与探索。这是我对于如何为人师的思考，同时也是抛砖引玉，希望自己的思考和实践能给其他同仁们带来点灵感，大家一起让北京电影学院的电影表演教学变得更加先进完善。

爱愁交加

表87班，是一个让我爱愁交加的班。

没有老师不喜欢聪明的学生。87班的学生，都是经过我们严苛的考查，一个一个挑选进来的，每一个学生都有闪光点，每一个学生都具备很好的素质和潜力，看着他们在学习和实践中的表现，我们发自内心地喜爱他们。然而，聪明的学生不好带，我需要与他们斗智斗勇，还需要取得斗争的胜利，引导他们能顺着正确的道路前进。

做大学老师不易，学生们都是成年人了，有自己的学识和想法，想要学生们能听从教导，老师就得各方面都让学生服气和认同。形体老师、体育老师都“遭遇”过他

表87班毕业论文答辩后合影

们的为难，而我，也随时准备着迎接他们的“挑战”。在一堂小品表演课上，几个学生编的小品让我觉得惊讶。他们居然敢大胆地表现“性”。我不喜欢这样的小品，可又不好粗暴否定，于是问他们为什么，他们略带得意地对我说：“弗洛伊德！”

哦，这帮孩子们是在拿弗洛伊德来唬我呢！行，暂时让他们得意一下。进书店，我把能找到的弗洛伊德的书都买回来，从头到尾研读了一遍，对弗洛伊德的研究领域以及理论观点都有了一定的了解。等下次上课他们再把弗洛伊德搬出来时，我就可以跟他们沟通对话了。我以弗洛伊德的理论以及自己对他的理论的理解，引导着学生们重新编了一个小品《初吻》，两个高中生在雪地里初吻，很纯洁，很幼稚，又有原始的冲动，我让他们自己品味，这样有情节、有意境的含蓄表达的小品，是不是比他们原先那种直接的小品更符合中国人的美学。

课堂上的“交锋”，其实正说明了他们是爱思考、有想法的好学生，我在教他们的同时，也学习了很多新知识用来“武装”自己，收获颇多。相反，生活中的他们，才是真的让我发愁。那时，我就住在电影学院的院里，最怕的就是楼下有人喊“马老师”。如果是其他老师喊我，心里还能松口气，肯定又是他们在别的课上胡闹来着，我去管束一下，再跟老师们道个歉，也就过去了。如果是半夜听见那位山东籍的保卫科长在楼下喊“马老师，你快去看看吧！”我这心里就格愣一下，时间多晚也得披上衣服就下楼，因为肯定那帮孩子又闹出圈了。这个班男生多，都是血气方刚，经常跟外校的学生打架，弄不好我就得去派出所领他们，一个个鼻青脸肿，我一边生气、心疼，一边还得跟民警道歉，把责任揽到自己身上，说自己没有教育好，回去后再苦口婆心地一番劝诫，可还是保不齐哪天半夜又听见那声带着山东口音的呼喊。

正当我愁得没办法时，学院提出要将这些学生中的个别分子开除。我考虑到他们虽然淘气，但都还是本质很好的孩子，还小，如果就这样把他们推到社会上，那么他们不就跟《悲惨世界》中的冉·阿让一样了么？永远背个黄护照，再也不会好了。作为他们的老师和长辈，我不能坐视这样的结果发生，我要对学生和学生家长负责。于是我成了院党委办公室和院长办公室的常客，为他们求情，力保这些孩子。苒苒在这点上和我的观点一致，也时常为她的89班的孩子说好话，使他们免于开除。万幸的是，一般院方总会网开一面，给他们改过的机会。这之后，他们才意识到一时冲动的后果是什么，我这颗一直提着的心才慢慢放下。

两版《赵氏孤儿》

1985年，北京电影学院招收了一个表演进修班，要求必须是拍摄过影片并有一定影响力的演员。于是，那个时期较为当红的演员走进了课堂。唐国强、宋春丽、郭凯敏、韦国春、赵福余、何伟、韩再省、赵娜、刘继忠、张国民、王薇、梁同裕、赵静、方卉、寇振海、刘信义、郭旭新、宋晓英、姜黎黎、李凤绪、吴玉芳、肖雄、赵越，这些名字都是闪着星光的，而这个班的教学工作对教员的考验之艰巨也是可以想象的。两年后，他们的毕业大戏是《夏日烟云》和《赵氏孤儿》，分别由苒苒和我、刘诗兵来导演。

《赵氏孤儿》的故事出于《左传》和《史记》，至元代纪君祥创作的元杂剧《赵氏孤儿》出而名声大噪。系领导邀请了著名剧作家黄宗江先生将之改为三幕话剧《孤儿恩仇记》，他说："赵氏孤儿的戏剧所以能流传后世八方，试一语以蔽之，或在于它表现了人类争权夺利的残酷斗争中，为正义、为他人、为集体、为人民所显现的壮丽的自我牺牲精神。"这个话剧正是表现了这壮丽的精神。

作为导演，我先把相关的文学、艺术作品都研读了一遍，觉得这是一部充满了血性的男儿戏，除了要表现程婴、韩厥、公孙杵臼、魏绛等一众忠良为了正义前赴后继勇于牺牲外，还要突出"士为知己者死"的主题。王国维曾评价元杂剧《赵氏孤儿》是"即列于世界大悲剧中，亦无愧色也"。所以，这出戏的悲剧色彩一定要浓烈。悲剧不仅是指剧中人物的自我牺牲，还有被侮辱和冤屈。程婴要活着，要眼睁睁看着自己的孩子被杀而不敢悲哭，要背负着背信弃义出卖孤儿的骂名，为了增强这个人物的悲剧色彩，我还加入了他为了求得妇人为孤儿哺乳而忍受胯下之辱的情节。韩厥、公孙杵臼这样的牺牲者可以壮烈，他们的牺牲带给观众的是瞬间的悲壮冲击，而活着的程婴带给观众的则是绵长而刻骨的悲剧体验，“冤屈”会别具一番动人的强大力量。在情节上，我认为要继承元杂剧的成果，要矛盾尖锐同时张弛有度，悬念迭出。如出宫门一场，当观众以为程婴顺利过关时韩厥突然把他叫回，两次三番，最后开箱查验，看见“人参”，程婴跪下哀求，韩厥自杀。全剧都该像这一场一样，即使观众熟知这个故事也要让他们时紧时松，提着心，屏着气。在舞台呈现方面我也花费了一番心思，原著中，赵盾要被灵獒撕咬，这个情节在话剧舞台上较难呈现，思来想去，我借鉴了别的剧作中的情节，将这段戏改为晋灵公让赵盾呈上自己的名贵佩剑，然后以行刺罪名将他拿下问斩。全剧最后程婴向孤儿述说身世冤屈的一场，在别的艺术作品中，都是只靠程婴口说或者唱，我觉得这是很重要的一场戏，光靠演员用台词述说冲击力不够大，最后决定要“鬼魂”出场，在竹帘子后面，一股冷光打着，程婴说到谁，谁的鬼魂就出来，将自己最悲壮的那一刻重现，这样，不仅让程婴口中的悲剧历史具象化，还能有力烘托全剧的悲剧氛围，让程婴的诉说更具有情感冲击。

关于这出戏的导演构思，我与黄宗江先生取得了共识，又共同将剧本修改了一遍，然后开始挑选演员。程婴在我心里，应该是一个高大、沉稳，能做到泰山崩于前而面不改色的形象，我认为唐国强最合适，那时虽然他因为《孔雀公主》而被称为奶油小生，但据我的观察了解，他还是一个山东汉子，硬朗阳刚。程婴的妻子要贤惠善良，有自我牺牲的精神，选用了宋春丽。公孙杵臼的开场是最典型的话剧风格，不能按影视表演那样要求，这班学生里何伟是话剧演员，嗓音好，那一句“啊！苍天啊！”只有他能驾驭。可是屠岸贾呢？这个反面人物就一定要像凶神恶煞一样么？我觉得不是，屠岸贾能位居高位，他心里的恶绝不会简单地外化，相反，他应该是一个心思深沉缜密的人，很有分量才对，所以我选择了张国民来饰演。

角色安排好后，还要指导他们排演。演员需要生活的积累，可是古典戏要怎样获得生活的经验呢？那就只有多看书一途。当年我演出《雷雨》时，张昕老师就要我多读诗词名著，以增强我的书卷气，适应大少爷的角色需要，现在，我也同样这样要求85班的学生们。不仅要他们多读古典名著，找到演古典戏的感觉，并且专门请来文学系的老师，为他们一一分析剧中的人物形象。古典戏的表演方法与现代戏很不同，现代戏不论台词还是肢体语言我们都要求尽量生活化，古典戏则必须带有一些舞台的架势，简单到在舞台上怎么走，都需要向戏曲表演加以借鉴。排练过程中，唐国强的认真执着让我很感动，台词早早就烂熟于心，对我的意见也都虚心接受。出宫门搜药箱一场，韩厥举剑要砍，程婴要以身相挡，为了能和韩厥配合得严丝合缝，他反复练习这个动作，不厌其烦。唐国强并不是最聪明的学生，但是悟性好，点到就能做到，虽然是电影演员出身，但是经过训练后，对于带有戏曲范儿的形体表演，也领会并掌握了，这为他塑造古典人物形象打下了很好的基础。

《赵氏孤儿》本就是流传不衰的经典剧目，我们站在巨人的肩膀上，加入自己对这部剧的思考，最后与同学们一起努力，演出获得了成功。

当表87班排毕业大戏的时候，我沿用了《赵氏孤儿》这部剧，这次是我和刘汁子老师共同导演。表87班的学生们在之前两年的学习中，接触了大量的古今中外的优秀文学作品和剧作，如《雷雨》、《原野》、《龙须沟》、《骆驼祥子》、《西安事变》、《李双双》、《西厢记》、《拜月记》等等，使他们初步具备了塑造人物形象的才干，毕业大戏选用《赵氏孤儿》是很适合他们的考验。87班排演《赵氏孤儿》与85明星班有很大不同，首先，87班的孩子们还是普通的表演系学生，他们正渴望自己的“星光”被点亮，所以他们是更为听话的学生，愿意踏实而深入地学习。其次，87

班有长达20周的时间来排练，能从容地指导学生们吃透这部戏。最后，又经过了几年的磨炼，我自己在艺术创作方面也变得更加成熟。

85班的《赵氏孤儿》在剧本和舞台呈现上已经有了较好的基础，现在87班重新排演，主要的变化就是我在新版里将剧中的矛盾变得更加尖锐，把悲剧色彩推向极致。比如，在献孤一场，85班的版本中，程婴被迫抽打公孙杵臼，点到即止，屠岸贾只是当着程婴的面做出拔剑砍杀婴儿状，表达出杀死婴儿的意思即可。87班排演时，程婴抽打公孙杵臼就会更加狠绝，让他内心的矛盾、隐忍、歉疚表现得更加淋漓尽致。屠岸贾砍杀婴儿时，我让程婴的妻子也来到现场，亲生母亲看着孩子被杀死，这大大加强了悲剧性，而屠岸贾则要更加嗜血和丧心病狂，从而更能衬托出程婴夫妻的悲痛欲绝。又如，在向孤儿诉说冤屈的那场戏中，85班表演时，鬼魂只是出来表现一下牺牲的时刻，新版中，我设计了让鬼魂与孤儿、程婴对话，把事说得很清楚，把戏剧的冲突和矛盾推得很尖锐。剧中所有矛盾都很激烈，然后在激烈中体现程婴为了救孤所付出的代价。正反面人物都走到极端，屠岸贾特凶残，程婴特善良，所有人都泾渭分明，爱憎分明，让整部剧的冲击力更为强烈。

87班公演时，很多别的艺术院校的师生也到场观摩，看到悲愤处不乏落泪者，黄宗江先生看了87班的演出后，也认为新版《赵氏孤儿》更能符合此剧应有的悲剧含量。

经过两版《赵氏孤儿》的教学实践，证明这是表演教学中较好的剧目之一。不论是85班还是87班，学生们通过这部剧的排演，在认识悲剧、掌握悲剧表演方法、学习完整地塑造人物形象方面都能有长足的进步，这对学生们的表演训练有实际的帮助，对演员创作实践有较高的价值。

“师夷长技”

1989年，北京电影学院要组一个团，去英国考察电影戏剧的教学。最后确定下的人员名单里，有院领导何宝通、表演系领导刘诗兵、我、摄影系的韩建文老师以及一个翻译，联系考察的学校是英国电影和电视艺术学院。此时，张铁林正好在这所学校学习，我们到达后，他特意停课，全程陪同我们，让这次异国之旅变得方便、愉悦很多。

我们考察的重点，是英国的戏剧影视院校培养学生的方法和经验。英国电影和电视艺术学院的校长热情地接待了我们，用专门的时间接受了我们的采访，将这所学校的历史、专业结构、教师资历、教学方法和经验等都跟我们细细道来。光靠校长口述和翻译，还不能让我们有具体直观的感受，所以我们很重要的一项工作就是在英国电影和电视艺术学院和皇家戏剧学院内对教学活动展开实地考察。

我们在电影和电视艺术学院中，看见一个影棚，里面正有人在搭一个客厅的景，极为细致漂亮。我们很好奇，就问他们这是从哪里找来的工人，技术真高，可以把景搭得如此之好。他们的回答让我们很震惊，眼前那些登高爬低搭景的人就是他们学校里学习舞台美术的学生，这个景，就是他们这学期的课业，他们自己设计自己搭，搭好了导师来评判，通过即可有学分，不通过再拆了重新搭。观摩摄影系的教学，没有理论讲解，而是导师直接让学生扛着机器出去拍摄，题目不限，等拍好了，成片拿给老师看，同样是通过就有学分，通不过，就要明白为什么，找到自己的不足，再接着拍，直到作业成品通过为止。导演系则更“神”，三四个人为一组，自己编本子，剧本导师是不看的，看的是他们自编自导自演的成片。

由于电影和电视艺术学院没有表演系，所以我们需要到英国皇家戏剧学院去考察表演系的教学情况。惊讶地发现，他们并没有什么基础练习，新生一入学，就让他们站在舞台上，念诵中世纪戏剧作品的台词，然后直接进入片段，我们就现场观摩了《罗密欧与朱丽叶》的一段表演教学，这样快地让学生面对观众，是我们没有想到的，不得不

在英国与张铁林留影

说，这样的教学是目的性强且有效率的。让我们为之触动的还有他们的师生关系。在课堂上，对于每一个同学的表演，导师都是以鼓励为主，喊停之后，导师不会像我们似的将学生的错误摆出一二三来，而是会说："刚才你演得很好，如果你能和那个男主角再亲密些，那效果是不是会更好呢？" 到了课间，老师和同学们都会一起喝上午茶、下午茶，这样的上课气氛自然是积极向上且轻松的，学生们都放得开，愿意表演给老师看。

我们问这些老师："你们不教理论知识么？"

"不教。"

"那你们相信斯坦尼么？"

"相信啊，我们认为斯坦尼是很重要的。"

"那如何让学生了解这类理论知识呢？"

"让他们自己去看书，然后我们提问题，让他们根据自己的理解来回答。"

每次采访和考察结束，我们都会反思自己的教学。我们舞美的学生可能毕业以后进入电影制片厂或者相关工作单位，才能有机会自己设计和搭制场景。摄影系又有几个人可以有机会自己拿着机器去拍摄？表演系的学生一入学面临的是冗长的各种基础练习，枯燥乏味，很容易消磨学生的学习积极性，到后面排练小品、片段和独幕剧、多幕剧的时候，老师需要手把手地教学生怎么表演，一点一点地排练。相比较英国影视戏剧的这种鼓励学生实干、直接锻炼学生实际能力的"成品"教学理念，我们的教学似乎显得有些拖沓而效率不高了。可是我们能完全参照英国的教学方法，把基础练习和理论学习都摒弃掉么？也不行。从我们自己一路走来的学习、教学和拍摄影片的经验来看，理论学习是有必要的，而基础练习是一个学生成长的基石。我们要考虑的应该是如何更好地让理论与实践相结合。"师夷长技"是需要的，但是也要充分考虑到"中国特色"。最后我们认为，将来我们教学工作的方向，应该是尽量压缩前期烦

英国考察留影

琐的基础训练，把更多的课时用在提高学生的实践能力上，多安排作业，鼓励学生自己创造，减少老师的介入干预，最后以成品的成败作为考核标准。

在英国的生活可以说是艰苦的，我们每人每天只有20美金的经费，英国电影和电视艺术学院的校长很照顾我们，让我们在学校食堂用餐，他们免费提供，这样我们的生活就能松快些。赶上出去采访考察，饿了就在路边买个热狗充饥。但精神上我们是愉悦的，不仅观摩了欧洲的戏剧影视教育，还有机会看英国本土的戏剧表演。著名京剧表演艺术家周信芳先生的女儿周采芹女士，此时正在英国皇家戏剧学院，得知我们来了，特意前来邀请我们看了几部当时英国最好的戏剧。在英国短短的15天，我们看到了英国人对于莎士比亚戏剧的理解和演绎，为他们大胆且出人意表的表演形式咋舌、叹服，也为英国观众对于艺术、对于艺术家的尊重而深深感动。我们把在英国的所见所感带回电影学院，并运用到自己的日常教学中，获益匪浅。

四、乐为人师

在北京电影学院工作生活了四十余载，老同事、老邻居们提起马精武，可能第一想到的是“宾客盈门”这四个字。来我们家的客人里，有我们的朋友，也有我们的学生。学生们一茬一茬地来，一茬一茬地走，逐渐在大小屏幕上崭露头角，然后就会有记者采访他们了，当回忆起我和苒苒这两位老师来，他们嘴里经常念叨的是“酸菜粉”“红烧肉”。

这不奇怪。从“文革”前，我们还在那个17平的小房子里的时候，就经常请学生们来家里吃饭。我自19岁离家，独自来到北京，深知在北京的孤单和思乡之苦，推己及人，逢年过节，我和苒苒就让那些在北京没有家的学生们来家里，我们如父母一样，给他们做一桌子好吃的，让他们能开心地过节，尽量忘却独在异乡为异客的忧伤。到后来，学生们真把我这当家了，他们可以随时来，只要说一声“马老师我饿了”，即使是半夜里，我们也会乐得颠儿颠儿地给他们做饭。

几乎每一个学生都在我们家风卷残云过，几乎每一个学生都会对苒苒老师的手艺念念不忘。我们都把这份记忆藏在心里，并不是因为这顿饭食有多珍贵，而是那份难得的师生情谊一直都在温暖着彼此的心。感情是相互的，我们以真诚之心待他们，他们亦会以赤子之心回应我们。天长日久，彼此的真情实感就通过这盘盘佳肴、次次笑闹，沁润于我们师生之间了。

与学生结下深厚情谊，当然对教学也多有益处。“教书育人”，每次迎来新生，我给他们的第一堂课，就强调想要做个好演员，首先你要真诚，要做个好人。道德修养的教育，当然不能照本宣科，光靠我在课堂嘴上说说，这需要老师在生活里以身作则，言传身教。我们不神秘，真实的生活和真实的价值观学生们都能看到，所以我们现在可以很欣慰地说，我们培养出来的学生即使已经成了大明星，也尚未出现“浮躁”“浮夸”和“浮浅”的“三浮”现象。

多与学生同台表演，是我与苒苒一直赞成并坚持的教学方法。作为一个表演系老师，自己首先要会演戏，不然无法指导和启发学生，让他们知道应该如何演。而学生们在老师的示范教学下，对于表演的学习和提高也往往事半功倍。《雷雨》、《夏日烟云》、《马精武喜剧专场》等等，我们可以说是北京电影学院里与学生们同台次数最多的老师了。生活里我们如朋友般相处，那么在课堂上、舞台上，不论我们给他们做导演，还是与他们同台演出，学生们都不会因为我们是老师而紧张、放不开，相反，他们会无障碍地和我们交流，与我们碰撞出创作的火花。

随着一批批的学生毕业，我与学生的合作也逐渐多了起来。不仅与学生在电影、电视剧里共同表演，还经常出演由学生执导的作品。我也导演了不少电影和电视剧，深知一个演员必须听从导演的指挥和安排，何况是学生做导演，那我更是会为了达到导演的要求不遗余力。由于我与学生们的关系向来亲密，所以他们也从来不把我作为严师来“供着”，为了让作品更好，他们不会因为我老师的身份而放不开手脚，相反，我们在合作中，无论是思想的沟通还是艺术创作都更加顺畅。

演员在拍摄影视作品时是相当辛苦的，“折腾”在所难免，我在学生拍的戏里也不例外。在张建亚的《大闹天宫》里演太上老君，吊着威亚飞了一圈，然后导演和摄影探讨这个镜头应该怎么拍，把我吊在半空，忘了。在钱雁秋的戏里，需要骑马，我那时虽然已经快七十了，但也仗着身手还算敏捷，不要替身，打马便走，导演嫌不够快，于是我一路快马加鞭。这样的经历不胜枚举，然而看着学生们能出成果，而我能尽到自己的心力，也就甘之如饴了。

教了这么多年的学生，我也经常想，究竟何谓“师生”？韩愈说：“师者，所以传道，授业，解惑也。”谭嗣同说：“为学莫重于尊师。”这是我们一直以来受到的教育和熏陶。然而老师就应该是威严的高高在上的么？不尽然。相比较那种“夫子”

在家中与表87班的欢聚

笑逐颜开　右：邢岷山

与表82班学生的重聚 2003年

一样的老师，我更乐于做一个“师父”，亦师亦父。从事电影教育四十余年，在我心里，首先把这些孩子们当学生，倾力教导他们，教学相长；又把他们当朋友，平等对话，甚至可引为知己；还把他们当成自己的孩子，关爱、呵护着。现在见了学生的面，只要听到他们喊一句“老爹”，就已经足以让我欣慰幸福了。

第六章

这不是戏

这不是戏，是生活。生活中的爱情，不用表演，

生活中的心灵悸动，才是真实，

生活中的家庭，才是我的心灵港湾。

一、精诚不散　终成连理

9月，北京一年中最美好的光景，我第一次走进表56班的教室，见到了最美好的人。教室里坐着的是即将要同窗四年的同学、伙伴，大家都兴奋地互相打量、攀谈，我在人群中注意到一位女生，不像别的女生那样活泼热烈，而是安静地坐在那边，只是嘴角挂着真挚的笑容。虽然没有过多的打扮，但是特别好看，那种淡然、沉稳的气质让她有了特别的光芒，引得我几乎挪不开眼。

这个女生就是李苒苒，当我们还都是青涩的学生时，她已经从解放区回到北京，并且在中戏教了两年俄文，腹有诗书气自华，形容她再合适不过。开学后，她是我们的班长，不仅文化课好，表演上也是全班的业务尖子。我是学生会副主席，业务也比较好，平常又爱笑爱闹，老师就经常把我和苒苒安排在一组做小品、片段等练习。有时我们饰演同学，有时饰演姐弟，有时就饰演一对情侣，配合默契，对于艺术、对于世界、对于某个人，我们的观点很多都出奇的契合，我越看她越觉得欢喜。生活里的我，粗心不羁，衣服经常出现破损。苒苒在班里比较年长，又是班长，关心同学，看见我的衣服破了就给我缝补。也许在她心里这只是顺手照顾一个生活能力差的小兄弟，但是在我心里，苒苒已经是一位完美的女孩子，没有哪里是不好的，对她的情愫在不知不觉间发生了变化，从懵懂好感，变成了真心喜欢。她就这样在我心里住了下来，再也没有离开过。

初尝爱情滋味的我，并不顺利，心里喜欢，也就忍不住想表白，没有任何铺垫，在一次排练结束后，我站在苒苒面前，“我有件事想跟你说。”“什么事？”“我喜欢你，咱俩好吧！”

结果是可以预料的，苒苒说：“我比你大三岁，怎么可能，别瞎想了！”这是我第一次向女孩子表白，第一次被拒绝，看着苒苒转身离去，我心里闪了一下，回到宿

片段《三里湾》剧照 1957 年

摄影系作业《阿凡提的故事》 左起：马精武 李苒苒 王志刚 1957 年

电影片段《党的女儿》剧照　1958 年

舍，方深刻体会到了什么叫“辗转反侧”“寤寐思服”。

对于爱情，我完全没有经验，也想不到有什么其他的方法，只能真诚地表白，然后经受拒绝，拒绝的原因，一是苒苒不愿意找比自己小的，二是嫌我太闹。年龄的问题没法改变，而我的性格，似乎也木已成舟了，正因为我自己爱玩爱闹，才会喜欢苒苒这样沉稳内敛的女孩子。心里实在割舍不下，我只好执着地追求。也许是终于被我的真诚打动，1957年下半年，苒苒终于同意了。

爱情的滋味自然是甜蜜而美好的，那个年代，谈恋爱都要避讳着点，尤其在校学生，更要注意一些。我们的“约会”时间大多还是在排练场上，排练完后，悄悄说说心里话，余下的，最多也就是周末出去一起吃顿饭，即使这样，彼此的心里也极为幸福满足。

1958年，我去莫斯科拍《风从东方来》，在收获事业、学业的进步喜悦时，也要忍受与苒苒分别的相思。我每日都盼望着苒苒的来信，王澍他们都知道我与苒苒正在热恋，喜欢起哄逗我，严肃如田方，也会愿意拿我开心。他们经常扣着苒苒的来信，“要挟”我请他们吃大餐，方才把信交给我。每收到一封来信我都很激动，反复看很多遍，想苒苒了就会拿出来摩挲一番，而我的思念，也化为信纸上的一个个文字，连同我在莫斯科的见闻和感受，一并雪片般飞往北京。休息时，如果没有出门，我最爱做的事情，就是倚坐在乌克兰旅馆那宽大的落地窗户边，看着外面的冬日景象，默默想苒苒。

第一期拍摄工作即将结束，我们要回国休整一段时间。我给全班所有同学都买了礼物，当然，少不了给苒苒精挑细选一番。田方陪着我去给苒苒买花布，帮我参谋，王澍、张辉等人也给我出主意，把能想到的、苒苒可能会喜欢的东西全买了。把火车回程的日期和车次告诉苒苒后，我迫不及待地上了火车，脑子里一遍一遍想象着和苒苒相见时她会是什么表情。急切盼望中，火车终于在这天半夜来到沈阳站。沈阳是个大站，火车在这里停靠时间比较长，这时，突然列车长过来找我：“小马，快下去，站台上有个姑娘在等你！”

我心里格楞一下，会是苒苒么？她怎么会在沈阳等着我？快步冲下车，只见黑黢黢的站台上，孤零零地站着一个女孩，果然就是我日思夜想的苒苒。我现在都记得她当时的模样，头上裹着条围巾，背着两个包，沈阳的冬天寒冷彻骨，她的小脸都已经冻红了，身子都冻僵了，呼出的白气在她的脸旁氤氲一片。跑过去，看着她，我激动得不知道说什么好，一问才知道，苒苒已经在这里等了我一夜了，希望我能下车跟她一起转车去大连看她的七姨。想象了一路的重逢景象，没想到是这般模样。

乌克兰旅馆中对北京的思念 1958 年

看着她又累又冷的样子，我又心疼又感动，同时又很歉疚。那个年代，能出国，怎么可能会让我半路下车呢？我必须回北京，到部里报到，然后才能放假。我跟苒苒解释，她也才意识到我不能跟她走，心里很难受，可也明白没有办法。这么晚这么冷，苒苒一个人在车站怎么办？我什么也不能帮着做，火车停靠的时间毕竟有限，汽笛响起，再不舍得，我也得回车上了，一步三回头，心里酸酸热热。

火车的窗户上，趴满了看热闹的苏联女人，我上车以后，她们对我很不客气，都替苒苒鸣不平。“那是你的爱人，你都不抱人家一下，不亲人家一下，你算什么？”在那个年代，大庭广众之下，我怎么敢呢？

大学毕业后，我被分配留校，苒苒被分配到北京电影制片厂，住在小关的北影宿舍。1960年，正是困难时候，苒苒的弟弟在体育大学念书，粮食定量较高，他对姐姐很好，经常省下窝头，周末我们去看苒苒时，她便切开煎给我和她的弟弟一起享用。每次我都要坐很长时间的公交车，下了车还要走过一片谷子地，才能到她的宿舍，我每周就盼着这一天，乐此不疲。1961年，我向苒苒求婚，她同意了。我兴高采烈回到新疆，跟父母说了这件事，取得父母的同意，回到北京，就开始准备婚礼。

1961年5月17日，我们领取了结婚证，6月3日，我们在北京电影学院的舞蹈厅举办了婚礼。除了小班的学生，章泯等几位院领导、同学、同事全来了，北影的演员于洋、杨静、陈强也都前来祝贺，热闹非凡。那时吃都吃不饱，为了让我的婚礼像个模样，谢飞和肖里昂拿来他们父亲的特需供应证，让我能买到高级糖、酒和点心。仪式开始，我穿着西服裤和白衬衫，苒苒穿一身白色的连衣裙，大家一起跳舞。这样洋派的婚礼，让很多人津津乐道了很多年。

婚后，我们很多年都住在一间17平的小房子里。我的生活能力极差，相比之下，苒苒什么都会，我的衣服裤子都是苒苒给做，每次出门，行李都是苒苒给收拾，为了我的饮食习惯，即使她不爱吃羊肉，也特意学会了各种羊肉和正宗新疆抓饭的做法。

终成连理 1961 年

精诚不散

执子之手

寿星缺席的生日会

我又爱交朋友，于是苒苒不仅要全面照顾我的生活，还得照顾我的客人。经常是给我们做完饭，我们在一边聊得热火朝天，她在一边把缝纫机当桌子伏案写作。我们除了是生活中的伴侣，更是事业上的伙伴。我的所有导演作品的导演本都是苒苒帮忙整理的，而《端盘子的姑娘》、《我，你，他……》等都是她编剧，我来导演。事业上的共同追求和艺术观点的契合，都让我们的感情能够历久弥坚。

既能照顾家庭，又能兼顾事业，还有一颗博大的包容之心，能容忍我在生活中的各种毛病，这样的女子成了我的妻子，是该感恩一辈子的。

1988年12月24日，是苒苒的生日，但是苒苒作为访问学者，此时正身处莫斯科。这次，轮到我在北京想念苒苒了，她的生日我没办法为她庆祝，心里总觉得不舒服，一腔情感无从释放。怎么办？我把87班的学生都叫来，准备办一个寿星缺席的生日宴会，遥祝苒苒生日快乐。

那时，我们已经搬进小西天的那套两居室，客厅逼仄，那天生生挤下了25个人。我把家里所有的锅碗瓢盆都用上了，学生们在客厅里人声鼎沸，我和胡晓光在小厨房里忙得不停。我买了25斤生肉还有各种熟食，就以我和胡晓光的厨艺，那天也做得了几个菜，端上桌就消灭干净，这在苒苒看来简直不能相信。到最后，我买的所有食物全都被吃光了，我和胡晓光什么菜也没捞着吃，只能吃俩馒头，然后“望碟兴叹”。这个特殊的生日宴，牢牢刻在了每个人的心里，当大家共同举杯，遥祝苒苒生日快乐时，我是激动的，不知道远在千里之外的苒苒会不会有感应？

如今，我们的婚姻已经维系了53年，“苒苒”这两个字，是我能想到的最美好的发音，也是我这么多年说得最多的两个字。

“今古情场，问谁个真心到底？但果有精诚不散，终成连理。”我想，我与苒苒，应该就是这样由真挚的感情而结成的美满姻缘吧。

二、天伦共享

1962年，苒苒从北影厂被调回北京电影学院，与我一同在表演系做教员。教学任务的繁重，让我们无心考虑下一代的问题，因为那必然会影响工作。直到1970年，“文化大革命”中，我们的工作生活完全处于无序、停滞的状态，儿子马川才降生在我们这个小家庭里。

1970年5月17日，是我和苒苒结婚登记9周年的纪念日。在积水潭医院，钱学格陪着我在手术室门外焦急地等候。医生出来了，苒苒生了一个男孩，头发很黑，浑身没有褶儿，哭声嘹亮，医生们开玩笑说：“您这孩子以后能唱亚非拉！”我如父亲当年得我一般，陷入了狂喜，安慰了苒苒，便拉着钱学格，还有内蒙古过来的同学关其格，买了很多酒，一起痛饮，最后都醉倒在我的小房间里。

对于儿子，我心里总有些愧疚，因为在他小的时候，我给予他的照顾太少。这里面有为形势所迫，也有为工作所累。他刚一出生，我就被催着下放劳动，苦苦拖延到第19天，实在拖不下去了，只好离开他们母子，去到白洋淀。同时经受催迫的还有苒苒，拖到了孩子七个月大时，她也必须离开孩子去白洋淀。我得知消息时，心如刀绞，那么小的孩子离开父母怎么办？最后只好把孩子托付给在北京的九姨，我们每月给九姨寄去一个人的工资作为抚养孩子的费用。与孩子分离的痛苦是任何一个母亲都难以忍受的，在白洋淀，苒苒不停地申请将孩子接过来，一直得不到允许，直到我们来到保定城里，监管放松了一些，我们才将马川接到身边，此时，他已经两岁多了。如何迈腿走的第一步？第一声话语喊的是爸爸还是妈妈？这些我们都缺席了。

在九姨家里长大，在马川的心里，这个家里的人才是父母亲人，而我这个父亲是陌生的，初来保定，他不愿意喊我爸爸，这是无奈心酸的事情。我们每天还要劳动、开会、学习，白天只好把他交给一位姓赵的大姐帮忙看着。送他去的是化妆老师雷

马川出生后父子俩的第二次见面　1971 年

一家三口登长城

一家四口沐海风

军，因为孩子不愿意去，我和苒苒谁也不想看到孩子伤心的样子，晚上接的时候，我和苒苒就抢着去了。经过一段时间的相处，血浓于水，我们终究熟稔起来，父子亲情成为我在那些年月里，尤其在《金光大道》拍摄期间的温暖慰藉。

《金光大道》中，马川饰演高大泉的儿子高小龙，这是他懂事以后第一次离开妈妈与我独处。我虽然照顾孩子的经验不足，但他是全剧组的宝贝，所有人都宠着他、护着他，阿姨们轮流照顾他，韩国贤从林区给拿了一麻袋的松子，这些叔叔们就给他嗑，他也过得挺欢喜。看我演戏，他也学会了，把我的词都背下来，演我，与朱德承对戏。制片主任看他可爱，就逗他说你给我当副主任吧！他特别认真地接下了“副主任”的工作，每天分发报纸。在这样的集体生活中，马川好像迅速长大了。至今张国民、王馥荔、宋晓英说起马川小时候的种种趣事仍忍不住哈哈大笑。

“文革”结束后，我们的工作步入正轨，教学工作繁重，我除了教学以外还经常外出拍摄影视剧，对孩子的照顾就更少了。他跟随我们演话剧《这不是戏》，演我的儿子，到了拍摄电影《我，你，他……》期间，马川也参加了演出，他与我们住在剧组，不拍他的戏时，自己骑着自行车上下学，脖子上挂个钥匙，回来后就在屋里写作业，我和苒苒忙着组里的事情。这是比较好的情形，他毕竟还与我们一起在剧组里，怎么也能照料一二，而生活里的大部分时间，是我们忙于工作，连他的一日三餐都顾不上。崔新琴现在还记得，她在楼道里看见马川独自坐在台阶上，问他为什么在这坐着，他说爸妈没回来，没有饭吃，崔新琴说给他做，马川又委屈又生气：“我不吃！我要看看他们到底还管不管我！”

每个家庭都有自己的难处，我们就这样在繁忙间寻找工作与家庭的平衡点，马川一天天地长大了。到了高中，关于大学想学什么，未来想做什么，我们都充分尊重他自己的意愿。

高考，他最后选择了报考北京电影学院表演系，这是我们预料中的事情。从小在电影

一家五口福美满

含饴弄孙乐无垠

学院长大，耳濡目染之下，想学电影表演似乎是他顺理成章应该做的事情。个人天资本就不差，加上对影视表演的熟悉和自己“山后练鞭”的勤奋努力，他考入了表89班，学习成绩一直不错。本以为他会沿着专业演员的道路走下去，没想到他在先后做了演员、电脑科教节目的主持人、执行导演等工作之后，最终做了制片人，虽然没有离开影视这一行，但也没有在演员的道路上走下去。我们始终都采取尊重孩子意愿的态度，他是那种不太注重名利的人，随他吧。马川喜欢开越野车参加拉力赛，业余时间，他经常出现在汽车拉力的赛场上。我觉得男孩子就应该爱玩、有男子气，所以一直支持他做自己喜欢的事情。

我和苒苒仅马川一个独子，没有女儿，所以马川结婚后，我们都把这个儿媳妇当成女儿来对待。明佳仪是马川的高中同学，从中学起，他们的感情走过了很多年，结婚后俩人也一直幸福美满。现在很多电视剧都喜欢表现婆媳之间的激烈矛盾，我们不存在这种情况。苒苒和明佳仪的关系亲如母女，能互相体谅与包容。儿媳爱吃海鲜，隔三差五我就被苒苒“打发”去买海鲜回来，给她做大虾等，相应地，明佳仪也把我们当亲生父母一般亲近，我们这个家庭当得了“融洽和谐”这四个字。

1999年，我和苒苒升级成为爷爷奶奶，我们的小孙女马千鹤出生了。含饴弄孙，这是很多人都盼望的极幸福的生活。也许与我们这个家庭有关系，马千鹤从小聪明懂事，学习不用我们操心，永远前三名，还有绘画天分，看着她四岁时的画作，我经常会沾沾自喜地想：这是随了我吧！

当我在中学的时候，天天盼望放假，这样就可以回玛纳斯与父母兄弟一家团圆，19岁离开新疆来到北京，回去的机会就更少了，对于家的渴望，一直萦绕于心久久不散。等到与苒苒组成了一个小家庭，这份渴望才得到满足。时光匆匆，不知不觉间，这个小家庭越来越壮大，我们的两鬓越来越斑白，而共享天伦的幸福感也越来越浓重。“一家人幸福快乐地生活在一起”，这是一句美好的话语，我的这个小家庭能真正能做到这一点，又怎能不感谢命运让我们如此幸福！

三、熙熙融融

我很想念我的父母。

父亲笑闹了一辈子，其实生活给予他的苦痛并不少，战火逼迫他离开故土，一生再未回去过，对故乡的眷恋非我这一点点思乡之情可比，而之后的时代环境，加诸于一个当地“名医”的磨砺伤痛，不言而可以想象。1969年，父亲没来得及看见我有孩子，也没来得及看见我做出成绩，便离去了，我为此而难过，可他走时或许没有什么太多遗憾，因为他一辈子都乐观豁达，以至于我们想念他时，也总是欢乐的回忆大过唏嘘的感叹。

母亲是一个伟大的女性，虽然文化水平不高，但是在与父亲共度的那些年里，学到了不少医学知识，最后成为一名妇产科的医生。她生养了我们兄弟姐妹七个，在父亲去后，家里经济条件不可同日而语，我远在北京，想帮助家里却经常有心而无力，困难时，听说她带着我的弟弟妹妹们上地里捡麦穗过活，这是我一直不敢想象的画面，作为她的长子，着实难忍内疚和心酸。然而在母亲的心里，对我却是很满意。1990年，我除了工资以外，拍戏开始拿片酬，子欲养而亲不待的遗憾痛苦，经历了一次就已经足够，所以每次拿到片酬，我都拿出一半来给母亲。与金钱相比，我在影视表演上的成就更能让母亲开怀，每次在电影电视里看见我，她都很满足、很骄傲，直到临终前，都在说着我的好。

除了父母，我还有一位大妈妈。父亲来到新疆时已经38岁了，在这之前，他曾与教会医学院院长的女儿结为夫妻，并生有一个女儿。战火逼迫着他来到新疆，也曾多方打听家乡妻女的消息，传来的都是死于战火的噩耗，父亲悲痛，最后绝望，与母亲重新组建了家庭。可是谁也没想到，50年代，大妈妈带着我的大姐姐找到了新疆，见到了父亲。看见还活着的妻女，父亲一边庆幸，一边愧对于这两位妻子。可这是战火

与大妈妈李雅贞 1956 年

留下的伤痕，大妈妈和母亲选择了包容对方。奇妙的是，大妈妈和大姐姐都十分喜欢我，大妈妈可以心无芥蒂地对我好，甚至抱着我哄我入眠。最后，大妈妈陪着大姐姐留在了兰州，我去考学的路上还特意在兰州停留了两天，就为了能和她们多待一会。她们都先后离我而去，这是人生不可避免的悲伤，而大姐姐在临终前想要再见我一面却没能满足，我将为此内疚遗憾一生。

我很想念我的姐妹兄弟。

我的二姐马嵩昆，从小照顾我，护着我。阿尔泰、伊犁、兰州、乌鲁木齐，姐姐陪着我一步一步长大。深深留在我的记忆里的，除了她给我浆洗的衣物散发出的淡淡清香外，还有母亲打我时她扑到我的身上把我护在怀里的温暖。她继承了父亲的职业，学了医，做了医生，主动要求支援边疆，被分配到和田，直到退休方回到乌鲁木齐颐养天年。

左起：马松梅　姚恩惠　马史伟　1972 年

大妹马松涛，一直在昌吉老家。妹夫是一个很有意思的山东汉子，明明是医科高材生，却偏爱开车，极有经济头脑，办了个驾训学校，日子过得红红火火。我离开家乡时松涛已经十余岁了，与我的感情极好。有一年我回家，她没有买到车票，为了能见我一面，硬生生从昌吉步行到玛纳斯，几十公里，走了整整一夜，一进门就高兴地跑过来，抱起我转了一圈，那幸福的眩晕感至今不能忘怀。

我还有两个小妹妹，马松梅和马史伟，都是极漂亮的女孩子。松梅比我小十六七岁，史伟比我小了二十岁，史伟出生时我已经到了北京，甚至都没见过她小时候的模样，但是血缘亲情不是年岁和距离可以冲淡的。每次在银幕上看见我，她们都会激动又骄傲地对别人说："这是我哥！"我回新疆拍《故乡的旋律》，从乌鲁木齐出发去阿尔泰，路过昌吉，天寒地冻的，一大早，太阳还没有出来，史伟已经在路边等候我们了，她为我们准备了早点，热腾腾地冒着白气，差点润湿了我的眼。

家里的男孩子有三个，我有两个弟弟，马兆武和马明武，兆武比我小十岁，明武比我小十三岁。“文革”期间，兆武不可避免要去插队劳动，被分到塔城的牧区额敏，看着身边的母亲和明武，他发了愁，若他只身去了额敏，母亲和弟弟怎么办？干脆，三个人一起去吧！于是，他们兄弟二人就在牧区和哈萨克族的同胞们一起放牧，练就了一身牧民的本领。明武是我们兄弟中身体最好、嗓音最好的，身体好，是因为小时候读书不用功，成绩很差，父亲干脆让他去木工学校学手艺，天天拉大锯。而嗓音好，则改变了他的人生轨迹。“文革”中，在额敏也是要组织唱样板戏的，明武演的是《红灯记》里的李玉和。一天演出，台下坐着新疆军区文工团的人，明武出场一嗓子就把他们震住了，后来坚决把他调进了文工团，成了一名独唱演员。可谁都没想到，身体最好的明武会不幸罹患胰腺癌，过早地离开了。“十年生死两茫茫，不思量，自难忘。”我不愿意想他最后的模样，所以脑子里永远是他和我一起与王洛宾喝酒跳舞的情景，永远是他饰演马建军时那种坦诚的认真的微笑，永远是他精神百倍亲热地喊我“大哥”时的顽皮的样子。

父母终将老去，幼子终将长大，当我们各自有了小家庭后，大家庭的温暖也不会割舍和消弭。如何来形容我的这个大家庭呢？和乐、亲睦，就如梁启超先生说的，“熙熙融融”。这是我们共同的家，不论我们身在何方，血脉亲情永远将彼此的心紧紧连在一起。

微笑的“马建军”左二：马明武　1995 年

第七章

有缘千里来相会

缘分，是很奇妙的事，

它能让素不相识的人成为终身爱侣，

也能让远隔千里的人成为知交。人这一生，若能有那三五好友，

危难时共携手，安逸时同饮酒，别经年思难休，

重聚首忘白头，实在是极成功、极快意之事。

一、挚　友

所谓挚友，不仅是至交好友，亦可以是在一个“战壕”里共同战斗过的“战友”。我虽然没有经过战火硝烟，但是谁又能说生活不是一场战斗呢?

在学习和艺术创作上，我对自己的能力还是有自信的，但在有些方面，我确实比较“愚蠢”，比如经常“嘴比脑子快”，一句话顺嘴秃噜出来伤害了别人而不自知，有时苒苒在一边瞪我，有时悄悄拿脚踢我，我不明白什么意思，“你踢我干吗？”于是所有人都哭笑不得了。

能和这样的我成为一辈子的朋友，其难度可想而知，万幸，总算还有人愿意“排除万难”的与我做至交，这也是缘分使然吧!

刘诗兵是我的师弟，比我晚一年入学，是一名复员军人，以前是文艺兵，舞跳得极好，他曾和我演过小歌舞《双送礼》。我对他的第一印象，就是刻苦、认真以及内向。也许是因为我太闹了，所以我反而会对内向沉稳的人有好感，再加上刘诗兵的主任教员也是欧阳儒秋，我们接受的教育和对艺术的看法很多都相同，与他投缘就很正常。而我们真正成为挚友，则是发生在毕业后，我们陆续留校，从同学变成同事，再变成合作伙伴。

除了在教学工作上的几十年的相互配合以外，从影片《端盘子的姑娘》开始，我与刘诗兵合作导演了很多部作品。在片场，我因为对分镜头有很细致的准备，所以拍摄起来快而果断，而刘诗兵恰好能在创作过程中与我互补。比如我脾气暴躁，他脾气温和，有他在，我不用担心剧组里会有什么不愉快，因为他能把剧组里每个人、每个部门之间的关系协调得非常好。人都说“抓大放小”，我在导演时经常是抓大而忘了小，当我在大刀阔斧拍摄的时候，经常会忽略很多细节问题，比如道具是否合适、齐备等等，别小看这些细节，这都是电影能按时按质完成的必要条件。如果刘诗兵在，

与刘诗兵合演《双送礼》舞台照

我就完全不用担心自己有什么照顾不到的地方，因为他太细心，记忆力极好，对于影片拍摄所需的所有细节都能掌控于心，提前做好万全准备。在影片的艺术创作上，演员的表演是否到位，一个镜头的处理是否准确，他都能帮我把关，提出中肯的意见和有效的解决办法。后来我们还一起演出话剧《这不是戏》，一起导演电影《我，你，他……》等等，在艺术上我们一向配合默契，我与刘诗兵，可以算作最佳拍档了。

1979年，我们一起去福建拍戏，军区的朋友请吃饭，我们六个人喝了八瓶白酒，回到住处我就开始呕吐，以为是喝多了，仔细一看，吐的是血。刘诗兵吓坏了，赶紧

白驹过隙　左起：钱学格　李苒苒　张铁林　马精武　刘诗兵

大学时与钱学格留影

毕业后与钱学格留影 1961 年

把我送到医院，诊断是饮酒过量引发的胃出血。他眼都不眨地守着我，照料我，等我缓过来，他郑重其事地劝我戒酒。喝酒不仅影响了我的正常工作，现在更是危及生命了，在他的监督和鼓励下，我下定决心，真的把嗜好的白酒戒掉，至今，已经有35年没有碰过白酒了，身体尚佳，这都有刘诗兵这位挚友的功劳。

还有一个挚友，叫钱学格，我们是同班同学。人与人之间的缘分很奇妙，一入学，我就与他互相合了眼缘。他的文化课极好，考清华北大都没有问题，但是因为热爱电影表演，执着地考了北京电影学院。上学期间我们就是好朋友，无话不谈，是能“一起喝酒打架”的交情，在所有人都不看好我和苒苒的恋情的时候，唯有他觉得我和苒苒很合适。毕业后我们一起留校当了老师，各自有了家庭，他就如我的异姓兄弟一般，一直关心着我们的工作和生活。我与苒苒闹矛盾时是他一直两边劝说开解，马川出生那天，是他陪着我在手术室外面等待，甚至比我这个准父亲还沉不住气，焦急地来回转圈。我和钱学格合作演出过话剧《新的篇章》，共同导演过影片《笑比哭好》。他是一个非常踏实、从不会为个人名利而烦恼的人，而我们的这份挚友缘分，也从半个多世纪以前，维系至今。

我与刘诗兵、钱学格一起读完大学四年，一起在电影学院教书育人，一起在片场进行艺术创作，我们之间似乎也并没有什么“轰轰烈烈”的事迹，但点点滴滴的平凡日常，见证了我们一起为事业的战斗，为人生的战斗，互相鼓励着，完成自己与自己的战斗。几十年来，这种感情平淡如水，甚至我们自己身处其间都不自知，但是你冲着阳光看，就会看见我们之间的友情如丝线一般，透明、纤细，却千丝万缕、密密匝匝。

二、集 团 军

此集团，非现在人们熟悉的集团，此集团军，也和部队没有任何关系。这是属于“文革”那个特殊年代的特殊称谓，且不是什么好称谓，通常那些易激动的人们会把经常“抱团”的某些人归为一个集团，名字五花八门，我和苒苒曾有幸与谢飞、韩小磊、刘诗兵、林洪桐在一个集团里，这个集团的名字说出来怪吓人的，叫“六人反党小集团”。

我们就是演员、导演和老师而已，这么大的罪名我们可“高攀”不起，不过那个时候大家的耳边都充斥着各种罪名，所以也没人把这个集团当真，姑妄说之，姑妄听之罢了。然而，我和谢飞、韩小磊被捆绑在一起，着实造就了一段非凡的友谊。

谢飞，著名的第四代导演。他是导演系61班的学生，入学时我已经留校任教了，平常我爱组织老师学生们进行一些文娱活动，谢飞爱跳舞，经常参加，他瘦瘦的身材，跳得极好，所以我们迅速熟悉起来。随着交往日深，我越来越喜欢他的为人。不仅心怀坦荡，而且很多人都不知道，他的父亲是谢觉哉先生，他遵父训，从来不说自己的家世如何，只把自己当做普通家庭的孩子，淡然处世。作为教员，我们是清楚的，所以对他的这份平常心很是敬佩，他的大气洒脱也深深地影响了我们，很多事情，想想谢飞的处世之道，也就觉得不算什么事了。

困难时期，我和苒苒结婚，后来我的母亲带着妹妹来北京，物资匮乏让我一筹莫展，他主动找到我，把谢觉哉先生的特需供应证给我，让我能买到急需的食物、用品，在我母亲回新疆前，他又借助了我五十元钱，解了我捉襟见肘的窘境。危难之时的雪中送炭之情，是刻骨铭心的。

1965年，谢飞毕业后留校任教，没多久，“文革”就开始了。我和他还有导演系59班的韩小磊三个人经常在一起，和苒苒、刘诗兵、林洪桐的观点又一致，久而

电影《火娃》剧照

电视剧《豪门惊梦》剧照

电影《行窃大师》剧照

久之，我们就自然被划归为一个“集团”了。巧合的是，等我们都到了白洋淀下放劳动时，分属表演系和导演系的我、谢飞、韩小磊居然被分到了一个班，住在同一个宿舍，我们一起出早操，一起下地种庄稼，然后回来一起悄悄胡侃，无话不谈，从艺术到事业，从感情到生活。

我们是在“捍卫伟大领袖毛主席的生死斗争中结下的深厚友谊”，现在的孩子们看到这句话一定会笑出声来，根本不能相信和理解，但这却是我们仨的现实。当我被包围、被批斗的时候，谢飞和韩小磊永远不会屈从。在那个环境里，如此不顾后果地维护我，需要多大的勇气？这是现在的年轻人无法想象的，我们的友情之深厚坚定也可见一斑。

“文革”结束后，“集团”自然也成了一个笑话，被拨乱反正了，然而友情并不会随之淡去。这之后，我们不仅在教学工作上相互配合，艺术上的合作也很频繁。他们导演，我参演了《火娃》、《豪门惊梦》、《日出》、《行窃大师》等影视剧，都是温暖和愉快的经历。

三、二斤牛肉

牛肉，是大画家黄永玉最爱吃的，酒，却从来不喝。

1964年，我第二次参加农村文化工作队时，就对黄永玉的这两个特点印象深刻。那一年我很幸福，本来就热爱绘画，这一下能和黄永玉天天在一起，心里在欢呼雀跃。每天早晨，中央乐团的人练晨功，各种音乐齐鸣，我们就拿着画夹子去画苹果树。黄永玉画的都是大写意，这正是我喜欢的，我就跟着他学，虽然是“玩票”，但是获益匪浅。

我最爱和他聊天。他很睿智、幽默，总能把看透的世情、人情化为轻松的玩笑，调侃着说将出来，让我笑着思考。有的话咂摸一晚上，我能醒过味来，而有的话，则能让我咂摸好多年，等自己碰到相似的事和人时，方能恍然大悟地大喊一声“哦！”

与苒苒在黄永玉家中 2001 年

“文革”中，黄永玉因为画了一幅猫头鹰而惹了祸，被关在罐儿胡同他的居所里，出入都受到限制。等时局稍微放松了点，我就买了二斤牛肉，事先弄清楚看门的红卫兵是哪派的，然后明目张胆地去看他。到门口，意料之中，守门的红卫兵拦住了我。

“你是哪的？”

“北京电影学院的。”

“来干什么？”

“来看看。”

那红卫兵上下打量了一下我。

“哪派的？”

“地派的。”

“进去吧！”

忍着窃喜，一脸严肃地走进去，黄永玉看见我时，一脸的不可置信。二斤牛肉不经吃，一会儿就被我们打扫干净了，黄永玉满足地喝口茶，笑叹我的胆大妄为。我说：“您给我画张睁只眼闭只眼的猫头鹰吧！”他笑问道：“这个时候，你要这个？”

这猫头鹰他终究是给我画了，不过是在多年后，我们在香港重逢时。“文革”以后，黄永玉到了香港，我去香港拍摄《青蛇》时，通过新华社的朋友联系上了他。他很高兴，请我上家里吃饭，同席的除了徐克和张曼玉外，还有黄霑、罗大佑等人。我们追忆过往，那二斤牛肉似乎还齿颊留香。他乘兴铺开宣纸，提笔说：“我现在可以给你画了。”没想到时隔多年，他竟然还没有忘记，并且画的不是一只猫头鹰，而是五只。他把画递给我，用他特有的调侃口吻喟叹一声：“人活着就这么回事，不要太认真！”不得不感叹人生的奇妙。

五只猫头鹰

第八章

欢乐常在

"七十而随心所欲，不逾矩。"

秋光里的色彩虽不如春日里的活泼鲜嫩，

但那枫叶的朱红，银杏的金黄，

别有一番醇厚柔和的美感。

我们也欢喜地顺应着自然的规律，

随心所欲享受我们的金秋，

并尽力让这秋色绚烂。

一、他山之石

“他山之石，可以攻玉。”这句话落实到艺术上也可成立。艺术本就是相通的，学美术的没准能从音乐里听出点线面的空间构图，学音乐的也未尝不能从一幅画里看见音符的交响。这或许就是艺术之间的通感，当站在别的山上回望自己这片领域时，往往能让你看见不一样的风景。对于我来说，“他山之石”就是书法、篆刻与绘画。

算起来，书法与我相伴已经将近七十年。起初，是上小学时老师们要求用毛笔学习和作业，然后在舅舅徐廉清的教导和督促下，我逐渐入了书法和绘画的门。汉字对我来说有无穷的吸引力，每一个字的字形和字义演化都让我觉得它们美极了，有意思极了，是世界上其他国家的文字不能比拟的。通过自己的心和手，由柔软的笔尖蘸着浓墨，在宣纸上将汉字的美体现出来，这个过程很美好。所以时光流转中，书法这个爱好我一直都坚持着。

我是个坐不住的人，唯有练习书法时方能安静下来。年少时，我写的多为楷书和行书，临的是柳公权。到了“文革”时期，工作和生活都陷入混乱，我反而有了时间去思考如何才能真正成为一名好演员，以及如何才能做个合格的导演。无疑，我这种不细致不沉稳的性子是一个硬伤，做演员，需要踏踏实实地了解、分析角色，不可急躁，而做导演，更是一个全面、细致的工作，哪一个环节都不能出纰漏。怎样才能让自己变得稳重些呢？恰好朋友孙增华送了我两本书，《张迁碑》和《邓石如篆书十五种》，这让我眼前一亮。相比较楷书、行书而言，隶书和篆书更能考验我的耐性，必须沉下来，笔笔到位，方能将隶书的庄重敦厚和篆书的圆转古朴表现出来，一点也急不得。于是我就开始练习、临摹，还买了好多参考书，越研究越有兴趣，后来隶书和篆书成为我最喜欢书写的书体。

喜欢上篆书，自然而然就会喜欢上金石篆刻。篆刻，是中国特有的传统艺术，

挥毫

泼墨

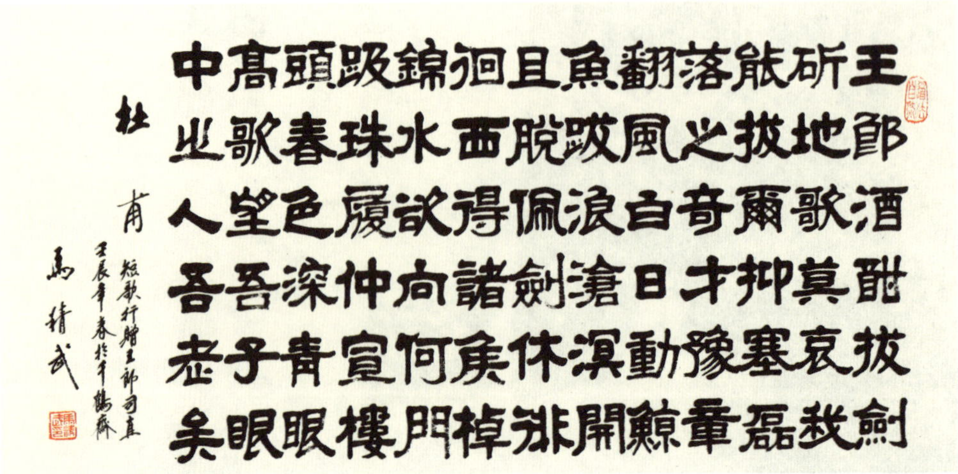

隶书作品：杜甫《短歌行》

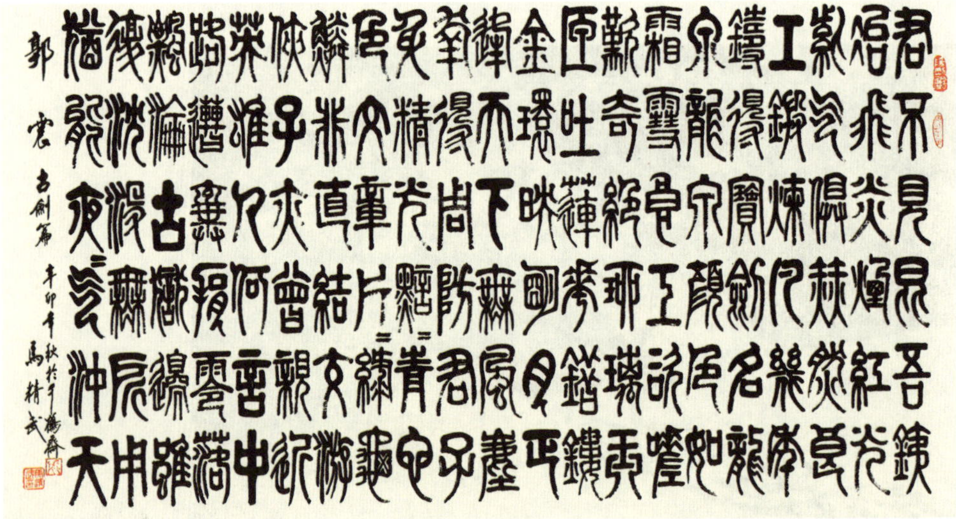

篆书作品：郭震《古剑篇》

泥人作品：翩翩起舞

泥人作品：呦呦鹿鸣

已经有三千多年的历史。好的篆刻，是书法、章法和刀法的完美结合，不仅书法笔意要好，绘画构图也要优美悦目，刀法更需要长年累月的练习，方能将心中所想象的构图、意境体现出来。方寸之地，自有乾坤，这样的艺术创作对我有莫大的吸引力。在保定下放劳动的时候，每天放下农具，我就迫不及待地回到宿舍，在那张小桌子前习字、篆刻，唯到那时，我才可以忽略掉现实给予的绝望，只享受艺术带来的心理满足和平静。

1976年，拍摄《金光大道》中集，有同组的朋友从无锡回来，给我带来了惠山的黑泥，于是我的“业余”生活除了书法篆刻外，又多了一项，捏泥人。与篆刻的严谨中见神韵不同，捏泥人完全可以轻松恣意地发挥想象。先在纸上把泥人的设计稿画出来，这时，年少时舅舅给我打下的绘画功底就显现出来了。通常我会设计出一组形象，比如各少数民族的歌舞俑、名著里的人物小像、各种小动物等等。按照画稿将泥捏成各种形象的泥坯，然后用毛笔蘸着国画颜料一点一点将形象绘画完整，最后薄薄上一层清漆，一个个可爱的小泥人就诞生了。马川看了非常喜欢，觉得有趣，也跟着我一起捏泥人。童心不泯，像孩子一样，拥有丰富的想象力，用纯真的心去看世界，这是作为一个演员的必修课。这一个个小泥人，就是我内心童真的外化，他们承载了我对世上美好形象的想象。直到现在，即使我年逾古稀，捏出的泥人也依旧清澈可爱而不见浑浊沧桑，说明这门必修课我是一直高分通过的，我也愿意一直保有这颗顽童之心。

二、信步韶华

“哈哈，一不小心马精武就七十岁了，从来没有正经过生日，这回想热闹一番……”

这是我七十生日宴会的请柬。我很少过生日，虽然与苒苒的生日相隔仅一天，但奇怪的是，不论是朋友还是学生，都只记得为苒苒庆祝生日，我常常被忽略。到了2007年，我即将跨入古稀之年，马川给了我一个大大的惊喜，策划举办了一个十分隆重的生日宴会，我开玩笑说，马精武要么不过生日，要么就弄得动静大点。

宴会的主持人是时任国家广电总局电影局副局长的江平。我与江平非常熟悉，曾经在他导演的电影《太阳升起》里演一个解放军的军长。江平对电影界的老演员们都十分尊敬，在上海的时候他就经常为老艺术家们举办生日会，来到北京后，这个“优良传统”被他进一步发扬光大了。又由于他的脑子极为灵光，不论是谁，只要是影视圈的，没有他不知道的，成绩、作品都能如数家珍，所以有他在的宴会，一定是热闹欢乐的。原本我们忽略了宴会主持人的问题，正着急，看见江平来了，这不是现成的好主持人么？江平很高兴地一口答应，他让宴会的气氛一直热烈，安排了很多环节，让我们以及我们的老师、同学、朋友有机会这样沉浸于情感的交流中，生日宴会非常圆满地结束，我们很感激他的热诚和真挚。

到场的嘉宾里，有我们的师长，有我们的同学，有我们教过的学生，有合作过的导演、演员，还有多年来与我们结下深厚友谊的各方朋友，一共有二百九十多位，和平门烤鸭店的一整层大厅都坐满了。他们有的年事已高，有的风尘仆仆从片场赶来，只为与我们见一面，祝我们一杯酒，生活里从来不愿意当众落泪的我，禁不住内心的激动和感动，数次湿了眼眶，匆匆拿手拭去，而苒苒在感谢来宾，尤其是讲到感激老师时，亦哽咽难语。

江平主持下的欢乐寿宴

挚友谢飞致贺词

与78班学生共举杯

活到七十岁，现在，我们能与这么多的朋友举杯，彼此真心祝福，能有这么多青出于蓝而胜于蓝的学生，拥上来唤我一声老爹，那笑容与他们学生时代一般无二，人生还有什么能比此刻更让我觉得欣慰、满足和有成就感呢？

热闹过后，留在心里的是沉甸甸的温暖。于洋在宴会上说：“每个人身体里都有一根天线，如果这根天线接收的都是宇宙中、世界上最愉快的最健康的信号，那么即使这个人七十岁八十岁，也活得像二十岁三十岁。”这几乎可以作为我们未来生活的座右铭了。

回想自己这几十年走来，专职工作是表演教师，但演的戏，大约是表演教员中演戏最多的。从古代到现代，从帝王将相到士农工商，从青年到老年，各种角色我都演过，这让我尝试了多种多样的完全不同的人生，体验了他们的喜怒哀乐，这也是我喜欢演戏的原因。

我的故事写到这里，似乎应该详细地总结一下我都具体演了多少部戏，但我数不清楚，只能将此刻还留在我脑海里的角色大致归纳一下。

演过的帝王角色，有《贞观之治》的李渊（马跃饰演李世民），《卧薪尝胆》中的越王允常（陈道明饰演勾践），《机灵小不懂》里的明孝宗（张卫健饰演小不懂），《大明按察使》中的朱棣，《铸剑》中的楚王，《孔子》中的齐王。还演了一些大臣，如《夜宴》中的殷太常（黄晓明、周迅分别饰演儿、女），《苏小小》中的谢松斋，《战国》中的令尹等。

《大红灯笼高高挂》中的老爷陈佐千，《血色迷雾》中的老爷邢万善，都是富甲一方的封建大家主。

军装我也穿过多次，从《烽火少年》中的连长到《太阳升起》中的军长，再到《硬汉》中的公安局长，最后在《小爸爸》中演了夏天的爷爷，一个退伍多年的老兵。

电视剧《卧薪尝胆》剧照

电影《烽火少年》剧照

电视剧《圆梦》剧照

作为表演教师，知识分子和演员、导演是我很熟悉的角色。知识分子，我演过《停战以后》的年轻记者薛平，《叛国者》中的蛇专家牛玉声，《我，你，他……》中的中年设计师麦文辉，《大过年》中的古建专家冯泰年。演员和导演我演过《红绒花》的导演吴凡，《悲喜人生》中的喜剧演员周枫，《行窃大师》中的魔术师王手，《农民代表》中的地方戏曲演员赵达方。

《艳阳天》中的马老四和《金光大道》中的张金发，是两个给我的人生和艺术带来转折的角色，这让我对农民角色有了特殊的情感。后来，我陆续演了《圆梦》中为了给孩子凑学费而偷牛的父亲，《青春不会等待》中的农村小学教师，以及《天国逆子》中的农村小学校长关世昌，我对于这些角色的塑造都较为真实而情感充沛。

我还演过多次人物传记类的角色，如《最后的演讲》中的闻一多，《他那一片天》中的基层税务官王振举，并先后两次饰演王洛宾。

除了以上类别的角色外，各种行业和阶层的角色我都有涉猎，《七剑下天山》的世外高人晦明大师，《荆轲传奇》中的荆爷爷（刘烨饰演孙子荆轲），《杀生》中的老镇长，《天下第一楼》中的御厨小辫儿刘（王姬饰演女儿刘金锭），《滴血翡翠》中的玉石老板官龙祥（丁子峻饰演儿子官寸玉），《断仇谷》里的黑风寨寨主，《老旦是棵树》中棺材铺的老板，《英雄》里的土匪头子，还演了两次“方外之人”，《青蛇》中的盲道和《皇城根儿》中的张道士。

就这样数，我也数不完。经历了半个世纪的时光，随着我年龄的增长，形象的变化，我的银幕形象从《风从东方来》中的年轻卫兵到现在《北京青年》、《小爸爸》中的爷爷，岁月镌刻之下，变化惊人，不得不感叹时光飞逝，毫不留情啊。

现在我虽然退休了，但生活依然精彩。赵宝刚工作室、数字电影学院、中影集团等举办的表演培训班经常会邀请我去讲课。影视拍摄的工作仍然是我的“爱好”，七十多岁还能经常在大银幕小荧屏上露上几面，就在此时，我还正等待着新片进组，

在《荆轲传奇》剧组与刘烨合影

电视剧《天下第一楼》剧照

电视剧《滴血翡翠》剧照

电视剧《老旦是棵树》剧照

不得不说这也是老有所为了吧！或许因为年岁，现在我虽仍然活得“热闹”，但更愿意闲暇时沉浸在笔墨纸砚间，享受那份心里的宁静。间或参加一些书画笔会，与同好朋友们切磋一下心得，也不失为一大乐事。当然，现在我的生活里，最大的幸福就是做爷爷，盼着马千鹤放假回家，为她准备各种吃的，只要听得她软软糯糯的一声“爷爷”，便觉得人生完满。

“韶华易逝”，可谁又能说绚烂的秋光不是人生的韶华呢？回首凝眸处，苦与乐都化为了人生的感悟，滋润着心神修养，塑造了一个独一无二的马精武，而这个马精武还将继续这样气定神闲地信步于韶光中，万幸，这是我喜欢的自己。

乐享韶光

下编

契交桃李言

我的爷爷

马千鹤

爷爷奶奶要开始写自己的传记，这件事我已经知道了很久了，但是在我要忙起来之前突然交给我一个任务——给他们两位各写一篇文章。首先作为一个刚刚上高中的学生，在如此有意义的两本书中，各加入一篇文笔不好、辞藻不够考究、会拉低整体水平的文章简直一点都不严肃，真真切切地这么觉得。其次《我的爷爷》、《我的奶奶》这种作文在小学已经不知道写了多少次，每次假期都要用这样的作文混过去，而在长大了之后，却一直没有勇气下笔去写，如果觉得我写的真的看不下去的话，请毫不犹豫地翻页吧！！！

用奶奶的话来说，爷爷是一个各色的人，我连这个字怎么写都不清楚，但是却深刻地体会了这个词的意思。可能别人不了解，但是天天生活在一起的我们，可以说每天都有不同的冲突，大多数都是爷爷和奶奶，他们一起生活了五十多年，每天至少有一次互相生气，所以得到的结论是，每天生生气可以长寿……尽管这样，他们也从来都没有想要离开彼此，依旧同甘共苦，风风雨雨地到了白头。

爷爷的性格真的很倔，而且极各色，可以总结为脾气一点都不好，但是这也是他们能厮守这么多年的一个重要因素，尽管他俩脾气都急，经常因为家里的小事嚷嚷起来，但是每次吵了架，奶奶还在那儿不跟爷爷说话，不想理他，爷爷总会找到各种事来分奶奶的心，比如：“苒苒你吃不吃水果？”“赶快把咖啡喝了，不然待会儿就凉了。”又或是“苒苒是不是该做上米饭了？”“要不要去买点肉？”奶奶被问得烦了，就一一照做或者回答，然后就忘记之前因为什么跟爷爷置气，再然后日子就接着过下去了。

爷爷还有一个习惯谁都阻止不了，那就是喝酒，每天晚饭必须喝一杯黄酒，其实本来不应该是黄酒的，爷爷年轻的时候特别能喝白酒，一直喝得很多，但是在四十二岁那年因为喝太多喝成胃出血了……从此以后爷爷就不能喝白酒了，但是怎么能放弃这个重要的兴趣爱好呢，就只好换一种酒，变成了黄酒。可是黄酒也是酒啊，虽说对身体好一点，暖暖胃，但是现在毕竟年纪大了，我们好几次试图劝他少喝点，这时候他的倔就体现出来了，怎么能少喝呢，平常每天就一杯，但只要有客人来了，尤其是学生们，爷爷就跟他们喝好多好多……

可是有着坏脾气的爷爷，对我好得真的没话说，从小学一年级开始，直到初二我能自己坐公交上下学，爷爷一直接送我，夏天挑着阴凉地儿走，冬天带着毯子，除非是他不在家，一次也没落下过，整整接送了我七年。这七年，我妈妈却又很不满，因为我每天放学总会买回来一些没用的小玩意，什么玩具水枪啊，小兵人啊，小陀螺啊，这些全部都是我要，爷爷就买给我玩，不管这东西有没有用，是不是玩一次就扔那儿不要了，只要我说一句喜欢，爷爷二话不说就买下来……到了现在也是，偶尔去一趟超市，我想要什么都能买，一买还买一大堆，或者我突然想吃葡萄，爷爷立刻出门去买一趟，30分钟一个来回，就为了一袋子葡萄……

其实爷爷还有一个愿望，就是我能写一手好看的毛笔字，爷爷的毛笔字真的好得没话说。从我开始学写字，爷爷就试图让我练毛笔字，到了现在我也还是只能临临字帖的水平。其实我也很想写好啊，原来是年龄太小，心也静不下来，现在心有余而力不足，每天的时间都不富裕，但是暑假和寒假的时候，我真的很认真地在练字，爷爷也总是鼓励我说写得特别好，其实我自己知道脱了字帖我写出来的大字比例不平均，构图也不好看，完全没法看。在这儿必须跟爷爷说一句抱歉，我一定会练好毛笔字的，但是还需要等一等。

爷爷带给我的不仅仅是好多好多没用的小玩意和到现在也拿不出手的毛笔字，更多的是对我的品格有影响的东西。我还不会写字的时候，爷爷就教我画国画，现在我们家客厅挂了两幅字和一幅画，字是爷爷引以为傲的篆书和我出生之前爷爷写的我的名字，画却是我四岁半画出的一副牡丹。从小我就知道渐变色要怎么用颜料和水调出来，我的国画真的是爷爷一手教出来的，爷爷为数不多的耐心也全部都用在了我的身上，可以想象一个刚满四岁的小孩蹲在椅子上折腾着爷爷各种各样的好毛笔，把颜料和墨水弄得哪儿都是，甚至我和爷爷的脸上都有，不知道废了多少张宣纸，多少管颜料，才能画出现在挂在客厅的这一张牡丹。除了国画，我还观摩了好多次爷爷做小泥人，所有看过爷爷书房的人，对于摆了好多排的小泥人总是印象深刻，经常来一拨人就包走两个。现在留在家里的，四分之一是我十岁做出来的不能看的，另外有爸爸做出来的、与爷爷风格不一样的两三个小泥人，其他也没剩几个爷爷做的小泥人。

让我见世面最多的还是小时候跟着爷爷奶奶去各种活动，什么什么颁奖礼，什么什么电影节，什么什么会议，我都去过好多次，后来大了就不方便被带去了，所以好多人记忆中的我，还是一个小屁孩儿，不到大人的腰，屁颠儿屁颠儿地跟着爷爷奶奶。见识了很多大场面，以至于我后来参加学校的活动一点都不紧张，而且爷爷奶奶待人接物的态度和方式也深深地印入了我的心底。

我能生活在这样的家庭是幸运的，爷爷奶奶包括爸爸妈妈都给了我良好的家教，他们在艺术上的造诣，都对我有着极大的影响，他们对我的包容和爱我都能体会得到，希望他们一直健健康康，给予我更多美好的品质。

多才多艺的米青

钱学格 / 表56班

人与人之间是有缘分的。我同精武、苒苒应该是有缘的，从1956年刚入学我们就是好朋友，直到现在快一个甲子了。当年我们之间没有隐私，无话不谈，比如头一学期我就谈恋爱了，第一个告诉的就是精武，可又很快失恋，在我因为忌妒、痛苦、愤怒失去理智，晚上拿根棍子要找那个学中医的苏联留学生“决斗”的时候，是精武拦住我、安抚我；而精武头一次吻苒苒也是第二天一早就激动地跟我说。我们住一个宿舍，“大跃进”时一起编演“炼钢舞”，一起去矿山演出《铁柱子赶车》，在京郊吉羊大队劳动我俩住一个老乡家，毕业一起留校，“文革”在一个组织，又相伴在积水潭医院产科外的走廊焦急地等待迎接马川的出生……

我对精武最深的感受一是他的多才多艺，再是他的为人仗义。那时候他喜欢自称

“米青”，专业上他一直是班里的尖子，二年级就赴莫斯科参加中苏合拍的电影《风从东方来》，饰演列宁的卫士，在毕业大戏和毕业影片联合作业中他都是担任主角。可我最喜欢的还是他演的小节目，他富有幽默喜剧才能，能歌善舞，尽管嗓子不大好，可他自编自演的新疆人卖包子和学唱周璇的“小妹妹似针郎似线，郎呀穿在一起不离分”等单人表演每次都能让观众哄堂大笑。在38军文艺连我们组织了个演出队，他和刘诗兵表演的《双送礼》最为精彩，每场演出我都要在侧幕观赏，可说是百看不厌。想当年他称得上是表演喜剧小品的佼佼者。另外，他还擅长绘画、彩塑泥人和小动物、刻制印章。近几年他专攻书法，临摹碑帖，隶、楷、行书都达到相当造诣。除了天赋的才能，更重要的是他持之以恒、刻苦不懈的钻研劲头，让我既羡慕又钦佩。

说到仗义，精武为人性格爽朗，敢于直言，人缘好，在农村劳动时老乡都挺喜欢他。他更是乐于助人。越是处境不好、越是倒霉的人，他越关照、亲近。长影老导演沙蒙被打成右派，处于低谷，在他病重和去世期间，精武常去看望，最后当他去世时，我和他一起帮助料理后事，使欧阳儒秋老师及家人得到些许安慰。老教员唐远之老师晚年孤单，也是他和苒苒常去探望，送些好吃的。还有同班同学王天鹏晚景凄凉，病重去世时精武前去帮助他的儿子处理后事，做最后的告别。这样的事还有很多，这是他人品的根本。

我和精武还有苒苒，自1956年同班上课，毕业后共同从事教学工作，一起下乡、一起劳动、一起演戏、一起教书，至今相处已有五十余年，相互之间的了解、情谊非比寻常，转眼间我们都已七老八十，精武却仍在不断地拍戏。愿他的艺术才华能更好地发挥！

艺术人生

——写给精武传记的话

刘诗兵 / 表57班

精武、苒苒在近期要出版个人的传记，这也勾起我对人生往事的回忆。我自1957年考进北京电影学院表演系学习后，和他们在一起相处了几十年，一起学习，毕业后一起教学，一起经历“文革”，一起下放，一起在“文革”后为电影学院的重建做努力，一起进行着艺术实践，直到一起前后退休。往事并不如烟，甚至是历历在目。

我入学后不久，就知道苒苒是表演56班的班长，精武是学院学生会的文体部部长。他们可以说都是学生中的风云人物，但性格各异。苒苒显得沉稳，平时不亢不卑、不苟言笑，精武则很活跃，谈笑风生，精力充沛，往往在人群中，你第一眼就会看到精武，并能和你“见面熟”。

和精武第一次近距离接触是在毕业不久的1962年，学院团委让我主抓学生的文艺活动，组织国庆天安门广场晚会演出的事。在整个活动过程中精武热情配合我的组织工作，他在外联和组织活动的能力上都比我强，跑前跑后不惜力，使我非常感动。有一次我俩外出赶不回校吃饭了，他便请我在外面餐馆吃了顿饭，有道菜叫“蚂蚁上树”，那个香啊，印象深极了。

在毕业最初的那几年，我们知道教师本身的业务实践也是辅助自己提高能力的手段，所以除了教学，我们也多次尝试一起排练了话剧《渔人之家》、《雾重庆》、《雷雨》、《群鬼》的片段。后因分别下乡参加农村文化工作队或“四清”工作队而中断。下乡深入生活后，精武写出了一个反映农村生活题材的，颇得剧作家海默认可的电影剧本《东厢房》，当时，我们还帮他进行了剧本的抄写。

1964年10月，电影学院去山西阳高“四清”十个月，即将结束时，应雁北地委书记的邀请，由精武全面组织，苒苒、我等二十余名师生经短期排练组织了一台综艺晚会去大同演出。节目有《赞平山》、《夸臧仓》、《母子会》、《越南战歌》等，多是自己临时编创的，演出了十场，极受当地的欢迎和肯定。

“文革”年代，我们几个青年教师在运动中虽然没有受到更大的冲击，但由于精武、苒苒关心时事、态度明朗，也受到过“抄家”的待遇。后期时局稳定了，才有了演出实践的机会，我和精武演出了独幕剧《战火中的白求恩》，还演了他擅长的新疆小歌舞《双送礼》，《双送礼》从1969年一直演到了1987年。1972年我们在部队下放时，精武、苒苒和我都参加了由王迪、汪岁寒编剧，谢飞、赵明、张客导演的多幕剧《新的篇章》，演了几十场，受到了欢迎，导演陈颙很中肯地说，电影学院演出的话剧有自己的风格。

1973年，长影派人来借马精武参加《艳阳天》的拍摄，饰演马老四。后来长影制片主任刘玉先来签约时对我说，精武在试镜时的表现为大家所称赞。当时是四个演员试这一个角色，一般来讲，谁来试戏，都是希望自己能试上，尤其那个年代，故事片生产在停滞了多年后刚刚起步，有的演员会暗自使劲儿争取，可精武非常大度，他主动和那三个演员一同商量分析排练，相互讨论提出不足和改进，使大家把试镜头当成了一次学习机会，心情都很好。经厂里研究最后确定，由精武饰演马老四。我作为借出单位的人，对长影这样肯定精武的这种品质，心里当然很高兴。

这之后，1975年，精武在《金光大道》中演张金发，被人检举，背上了“炮打江青”的罪名，被政治审查，创作上虽有所获，但随时有被逮捕隔离的可能，因而身心受到了极大伤害。

1976年金秋，粉碎“四人帮”，电影学院开始重建，我们都已接近不惑之年。精武为了要回电影学院的校址做了很多努力，多次去文化部向领导反映情况，与占据原校址的电影发行放映公司、电影资料馆协商，最后终于保留和重新规划了小西天的电影学院旧址部分为表演系办学地点，后改为家属区。这之后，我们共同排演了话剧《最后一幕》向社会宣布电影学院的复活，对北京和外地话剧团的影响都很大，得到了社会观众与同行的认可，说明精武、苒苒这一批60年代毕业留校任教的青年教师，在成为教学的中坚力量的同时，在戏剧舞台上的探索也取得了可喜成果。

1979年，精武为表演师资班执导了话剧《哦，大森林……》，这是我的朋友北影导演都郁去东北林区生活采访后的一部新作。我约都郁在我的宿舍把剧本读给阮若姗、文伦和精武听。精武觉得题材虽不错，但剧本还存在些问题。接下来教学组确定以精武为主来排演此剧。他花费了大量精力，发挥了艺术才智，全身心地投入，终于使得此剧立在了舞台上，他打破舞台的封闭时空的创新尝试，在当时极具新意和震撼力，因此，剧目还没有正式演出，在北京就产生了不小的影响，著名演员于是之也匆匆赶来观剧，“听说这个戏演出很有特点，若不公演，不来看看就可惜了。”这个戏公演了60场，在参加文化部建国30周年的献礼演出中，获得了剧本创作奖和剧目演出奖。我从精武对剧本排练的艺术处理和工作态度上的敬业精神中，学习到不少东西。

80年代后，与精武在教学与创作实践上的合作更为频繁。我与精武联合导演了由苒苒编剧的电影《端盘子的姑娘》，这是我们第一次联合导演影片，我俩在开始讨论分镜头时，设想就非常一致，拍摄现场的处理也很默契，有一种艺术创作的愉悦感。接着我们又合作导演了由苒苒编剧，精武与苒苒联合主演的《我，你，他……》。

1985年，当系里决定由我来主持表演85专修班教学时，我心里不免有些踌躇，但苒苒、精武对我是全力热情地支持。苒苒全程参加了两年的教学，并完成了多幕剧《夏日烟云》的教学执导，精武则与我联合导演了《赵氏孤儿》，圆满完成了教学任务。

在表演系的数十年中， 精武的一线教学虽安排得少些，但在62班教学后，78师资班、81新疆班、85干专班、87班等班级的教学和系内大量的教学科研、学术活动的开展，他都是不可缺少的主力。1978年、1979年他参与主持表演系“关于电影表演艺术特性”和“表演基础教学”的讨论，推动了当时表演教学的开展，并对当时的表演学科的研究有着影响。他更是一个社会活动家，以他对工作的热情和他的人格魅力，担任过电影学院的工会主席、中国电影表演艺术学会的副会长、中国电影基金会的副秘书长等社会职务，热情地为大家服务。自己在数十年里的影视创作中也成绩颇丰。

年龄不饶人，20世纪末，我们先后退休了。精武、苒苒夫妇搬进了离市区较远的宽敞新居，我们距离远了，不能像六七十年代住筒子楼时那样随便地串门聊天，但我们仍是退而不休，各自忙碌着为影视教育事业添砖加瓦。

“最美不过夕阳红”，我们一起经历了人生的大半时间，回首往昔，人生不算辉煌，但也不算平庸。我们生活在这个时代，在我们的工作岗位上，做了我们应该做的事，尽了我们应尽的社会责任。人生没有假如，如果有假如，我相信我们会生活工作得更好！

祝贺精武、苒苒的传记出版！并祝精武、苒苒艺术生命常青！

我的老师 李苒苒、马精武

崔新琴 / 表78师资班

认识马精武老师是在长影拍戏的时候。我们当时都是外请演员在长影拍戏，没有想到我1978年居然能够成为北京电影学院表演系的学生，更幸运的是成为了马精武老师的学生。更没有想到的是，几年以后我留在学校做了老师，和马精武，李苒苒老师从师生变成了同事。

跟李苒苒老师接触是在1985年的时候，苒苒老师是85干修班的表演教员，我做了她的助教并兼任班主任工作，后来89本科表演班苒苒老师是主任教员，我又做了苒苒老师的助教和班主任的工作，在她的身上我学到了很多教学上的经验。

这么多年，从学生成为两位老师的同事，是一件幸事！

马精武老师和苒苒老师无论在他们的创作还是教学上都是很有成就的教授，才华横溢。马老师，演了很多的戏，苒苒老师不但演戏，还自己做编剧，导演。当时辽宁科影拍的电影《我，你，他……》，苒苒老师就是编剧，而且是女主角，马老师是导演，我在片中饰演苒苒老师的妹妹。马老师、苒苒老师现在也还在演戏。

两位老师在艺术上是才华横溢，造诣颇深，但在生活中却平易近人，非常随和。我记得我们上学的时候最高兴的事情就是到马老师家去吃饭。苒苒老师总是做很多好吃的，吃饭前、饭后回去都能兴奋好几天。尤其是苒苒老师，她是一个创作、教学、生活都顶尖的人，可以说是“出得厅堂，下得厨房”。当我在生活上遇见一些问题的时候，总会给她打电话，问她，咨询她。比如怎么做饭啊，怎么做菜啊……不是学生想象中的好像所谓教授就是不食人间烟火的人。

马老师、苒苒老师，为了教学，为了表演事业是相当的敬业。我记得那会儿我刚刚留校，一天下班的傍晚看到他们的儿子，在大门口传达室外面，趴在地上写作业呢。

就问：“马川，这么晚了，你怎么不回家写作业？”

马川：“我不回家，我回不了家，我爸妈都不在家。”

我说：“那你是不是还没吃饭呢？”

马川：“我没吃饭呢！”

我说：“那这样吧，你到我家去吧，到我家吃点东西，写作业，等着他们回来。”

马川：“我不去！我今天就坐这里饿着，我就饿死给他们看，看他们能不能想起来家里还有一个人呢！”

当时因为我们自己也年轻，没有孩子，不能理解当父母的心情。但是过了几十年了，马川这句话还在我的脑子里面出现。当然他当时还很幼稚很单纯，他不能理解作为父母亲为什么不关心自己的孩子。如今我也有了家，有了孩子，才觉得，马老师和苒苒老师为了教学，为了表演事业，真的是克服了很多超出常人想象的一些困难。

我还记得当时苒苒老师说马川生下来不久，马老师和她就要去下放部队锻炼，他们能和孩子团聚时，孩子已经两岁了。从部队回京后，又只能把马川送到幼儿园整托，一周才能接回来一天，马川开始总是不肯进幼儿园，要求在外面和妈妈走一圈再走一圈，还是不肯进去。直到最后，马川被阿姨都抱走了，听不见马川的哭声了，苒苒老师才依依不舍地离开。今天马老师和苒苒老师取得这样的成就，他们背后付出的辛酸，又有多少人知道呢？

在教学上，两位老师非常有前瞻性。考虑到北京电影学院在镜头前的教学这一阶段比较薄弱，就在1983年、1984年左右的时候，苒苒老师自己写剧本《烛花集》，用课余的时间带着同学们，把这些小品，分镜头一个一个地拍出来，拍成成品由中央电视台播出，并获了奖。现在看来当时他们的这种教学理念确实是很有价值的。

我们师资班毕业的大戏，是马精武老师导演的一部话剧《哦！大森林……》，我饰演了女主角刘紫瑛，感谢马老师对我的信任和帮助。对演员的表演，舞台舞美，时空的切换……马老师都采取了很新的导演思维。这部戏的演出非常的轰动，受到许多的好评！

马老师培养了许多的明星。他还多才多艺，琴、书、画样样精通。

苒苒老师无论是教书育人、写作、演戏，还是持家过日子都是我的导师！

祝两位老师健康长寿、越来越年轻！

师恩难忘

陈浥／表78班

1978年9月的一天，我们几个表演系刚刚入学报到的男生坐在宿舍里（那是一间老画室，全班23个男生住在一起）聊天。因为多数人刚刚见面彼此并不熟悉，所以相互间多少有些拘谨。这时走进来一位潇洒、帅气且飘逸的男老师。我们当然认识他，他是电影《艳阳天》中的马老四，《金光大道》中的张金发……马精武老师。我们认识他，可他未必叫得出我们的名字。让我没有想到的是，他进来后不仅一一叫出了我们的名字，并能够说出我们来自哪里，上学之前是干什么工作的……他坐在我们中间向我们介绍校园情况和未来的学习情况。你可以感觉到在他的身上有一股强大的吸引力，他开朗、豁达、幽默，风趣的谈话中又不失教师的职业习惯和身份，能够把人迅速地汇聚到他的周围。这也许就是现在所说的气场大吧。在我们的谈话当中不时有新同学来到宿舍，马老师还亲自为他们安置床位和行李。这就是我与马老师的第一次见面，从那一天开始我们便结下了永远也解不开的师生情缘。

在后来的几十年中我做过他的学生，做过他导演的影片中的演员，做过他的助教。在做他的学生时，他能给你自信和勇气。马老师不是教我们班的老师，但我们班的每一次考试他都来看。记得一次期中考试结束，我的成绩并不理想，心里很郁闷，在校园里溜达。听说马老师在给另一个班上大课，便溜了进去坐在后排的一个角落里蹭课。他讲课富有激情，语言生动，深入浅出。突然他在讲述中举出了我考试作业的例子，我很紧张，怕是一次尖锐的点评吧。然而听下来才知道，他举我的例子是要告诉学生，作为一个演员要能够认识自己，要善于发现自身的特点与优势。他分析了我的性格特点折射在作业中的表现，客观地分析如醍醐灌顶让我受益终生。他的一席话坚定了我的创作自信，更明确了我未来的学习目标。马老师这一生讲的课太多了，他也许记不清某次课上举的某一个例子，但对于一个学习创作进入瓶颈苦恼的学生来说，老师的一次客观的并有说服力的鼓励是多么重要。在身为人师之后，我经常用马老师的这一观点和方法去激励学生，屡试不爽。

马老师是有个性的。他的个性基于他的正直与率真。为了给学生创造更好的学习环境，他曾带领我们去文化部上访，为此他丢了系副主任的位置。但他心怀坦荡从不为此遗憾，后来每说及此事他总是玩笑似的一带而过。在他的身上你可以看到中国知识分子的潇洒与傲骨。

马老师是有脾气的。他的脾气源自于他对艺术创作的崇高追求，对于治学的严谨态度。你可以不会，但不可不学；你可以不懂，但不可装懂。在排练的过程当中，如果你达不到他的要求，他可以掰开了揉碎了给你分析角色的内心世界、性格特点、心理行动……不厌其烦，甚至可以给你做示范。但你上课迟到或是没有准备就即兴地胡来那他绝不容忍。就理论与学术问题，你可以不懂，他会循循善诱，言简意赅为你解答甚至和你讨论。但是你如果不懂装懂或是一知半解地在他面前“抬杠长学问”，他也毫不留情。

马老师是有情怀的。他的情怀来自于他文化的博学与率真的情感。1982年的夏天，我在马老师和苒苒老师编剧导演的电影《我，你，他……》做演员。一次经过马老师住的房间看见他一个人坐在房间里听一部描写西域风情的纪录片的录音剪辑。马老师见我进来便示意我坐下，他听得非常认真，什么也没有说。我们两人就这样坐着、听着。我一开始想可能是他在为下一部片子做准备，可是听着听着我看见他完全沉浸在那凄楚的音乐伴有凛冽的寒风和忧郁而深邃的解说当中了……他的目光是深沉的，眼眶是湿润的。我想他此时一定是回到了他在西域的童年……

无论何时何地，你只要跟马老师谈到艺术创作和表演理论之类的问题的时候，他的眼睛会瞬间闪现出真诚而睿智的目光，他会认真地聆听，然后坦率地向你阐述他的观点。在生活中，他是豁达开朗而率真的，他可以跟我们一起玩、闹，同学们亲切地称他为“大叔”。他的家永远是我们学生欢聚的乐园，以至于他的儿子马川，在很小的年龄就已经适应了这种带有家庭性质的“集体生活”。从新疆只身前往上海考试，再到北京求学，又经历了“文革”的风风雨雨，看尽人间千变万化，仍旧保持着对待生活与艺术创作的真挚情怀，这也许正是他能够成为一个艺术家和教育家的关键之所在吧。

我深深地感谢老师给了我一种精神，让我知道应该怎样去做事，怎么去做人，应该怎样去做一名老师。

感谢我的老师赋予我那么多，让我终身受益。

祝马精武老师永远年轻，生活愉快！

严厉、和蔼、亲切的尊师

——苒苒老师和马精武老师

李强 / 表81班

每个人都会做梦，有的人是白日做梦，也有的人是梦想成真，但不管做的是什么梦，都说明，这是一种追求。

我也有追求或者说是梦想，但是要想实现梦想，就必须从头做起，从求学开始。在追求梦想的初期，我很庆幸自己遇到了引领我的两位老师，也是我的恩师，他们就是北京电影学院表演系的著名教授，苒苒老师和马精武老师。

电影表演是什么？我不知道，我只知道，我是怀揣着对电影表演的极大兴趣和热爱，来到电影学院学习的。而我的梦想得以实现更加得益于幸运地遇到了苒苒老师和马老师。

苒苒老师是那种外冷内热，充满着无限责任感的老师。在她的嘴里永远都不会轻易表扬一个学生，即使你的表演还不错也很难听到她的赞扬。刚开始的时候，我们对苒苒老师不了解或者说还有些惧怕，但时间一长，逐渐理解了她的教学风格，才知道她的内心是非常温柔的，因为她把每一个学生都当成了自己的孩子，这让我们这些做学生的每一个人都受益匪浅。我记得苒苒老师给我们上表演课的时候，经常要求我们不要装（假装），要用内心去感受，能够感受多少就感受多少，要把这种真实的感受体现在表演上。而她的眼里也是绝不揉沙子，点评每一个学生都直截了当，丝毫不留情面，虽然这样的时刻你也许不会很舒服，但过后想想，她是用心、用真诚、用最直接的方法去教你如何表演，不管是现在或者曾经，凡是她教出来的学生，都会有一致的感受，那就是苒苒老师太严厉了，但每个学生又都会对她念念不忘，因为她对学生的爱是沉在心里面的，是发自肺腑的。

马老师上的大课是我们最喜欢的，因为他早已经是非常著名的演员，经常应邀参演很重要的角色。他上课时，把自己拍电影的感受和教学融为一体，用他独有的风趣幽默活灵活现地展现出来，让大家听得如醉如痴，往往是几个小时的时间飞一般地就过去了，但大家却都觉得还是没听够。那场景，现在想起来都记忆犹新。

马老师是个非常爱开玩笑的老师，到现在每次碰到，他都会说，哟，这不是著名演员李强老师嘛，快点给我们签个名吧！而且不管是在什么样的场合，弄得我真是有点无地自容。但马老师就是这样一位风趣的教授，一位著名的家喻户晓的表演艺术家。能够得到两位教授的指点和培养，我敢说，每一个学生都是三生有幸。如果说，我今天能在影视表演上有一点点的成绩，那么这都离不开他们的教诲、点拨和启发。

现在每次见到他们布满皱纹的慈祥脸庞时，我都不无感慨，他们也曾年轻，有着青春韶华和年轻的身体，但他们却用这最宝贵的时光，用他们的智慧、激情和热情，培养出了一批又一批和他们一样有着踏实作风和认真精神的好演员。

而今，苒苒老师、马老师虽已步入暮年，但我们仍然能时常从荧屏上看到他们熟悉的身影。我们这些学生们也永远不会忘记和他们在一起学习的快乐时光，因为没有他们，就不会有我们的今天。

祝福二位老师身体健康！幸福长寿！我爱你们！

拾零补记

——我印象中的马精武、李苒苒老师

宋春丽 / 表85干部进修班

马精武老师和李苒苒老师是电影界人人皆知让人羡慕的一对伉俪，是北京电影学院桃李满天下的优秀教师，是我们表85干部进修班（明星班）表演课的主要任课老师。

我们是同台演出的同仁，我们是一起撮饭的酒友，我们可以谈天说地，话古论今，我们可以推心置腹，无话不说。我们是师生，我们更是朋友……

知道马精武老师是通过他拍的电影《风从东方来》，一位年轻帅气的布尔什维克形象至今还在脑海里。见到马精武老师是在广州军区战士话剧团，当时他和我团张国民刚拍完电影《金光大道》，我那时还是一个新兵蛋子，对明星的崇拜让我们经常悄悄地躲在一旁偷偷地看着他们，听到他们在说笑，我们还会捂着嘴跟着不知所云地傻笑。认识马精武老师是在长春电影制片厂，那时我在拍我的第一部影片《苦难的心》，他好像在拍个叫《火娃》的儿童片，他和宋晓英在一起聊天，我搭讪过去。他真正成了我的老师是在1985年电影学院的明星班。也因为明星班同时认识了让人尊敬的苒苒老师。

两位老师虽是伉俪，但性格不同，教学风格不同，待人接物方式方法不同。马老师活泼热情，好说好动，哪里有他哪里就会成为中心，不论课上还是课下永远手舞足蹈、热闹非凡。他的课生动形象，加之他自己连说带演，课堂上永远欢声笑语一片。私下里我们会说“这是一个不像老师的老师”。而苒苒老师温柔静雅，不言不语，文章写得漂亮，逻辑思维、形象思维都极佳。课上正襟危坐，课下邻家阿姨。她的课理论性强。不论是小品课还是片段课，她都会在最关键的地方给你最准确的提示。而有时马老师手舞足蹈地讲授、示范时，她会在一边面带微笑用欣赏的目光看着……

1987年下学期，我们开始准备毕业剧目。班里二十几人分开两半，两位伉俪一人带一半，排演了《赵氏孤儿》、《夏日烟云》一“土”一“洋”两部大戏。我在马老师的“土”戏这边。每天的排练，特别是下午，见大家昏昏欲睡，马老师总会有各种段子把大家的情绪调动起来，充满激情地进入到人物环境及状态里。而苒苒老师的“洋”戏那边，经常会看到刘信义、肖雄他们戴着礼帽、拖着长裙，俨然大洋彼岸来自20世纪的……半年后，两部大戏完成，而且居然还在中戏棉花胡同小礼堂演出了好几场……

两位老师十分好客，他们家里经常高朋满座，不论是老师还是学生，都可以海阔天空、不分大小地畅所欲言。我有幸被宋晓英拉着去过几次，至今想起那天的菜，口水还一个劲地往外窜……

毕业后大家各奔东西，分多聚少，一晃快三十年了。大家都老了。开始那些年是看马老师表演三十年代的女明星，唱“郎啊咱们俩是一条心”。后来是听马老师讲笑话，说“我的帽子，我的帽子。”再后来看到马老师戴上了助听器，但仍在各片场奔忙着……苒苒老师的文章还总能在微博或微信上读到，不论是评论时事，还是谈论艺术，评判表演，总是论点明确，论据清晰……

保重二位老师，保重二位朋友……

最美好的时代

——精武英雄

管虎 / 导87班

2010年3月，阴冷潮湿、不停地在余震中摇摆的汶川，拍摄陷入困境，但这使我有机会在最近的距离，和这位组里的最长者静静对饮……

他用同样的安静陪伴着我们……

上一次仔细阅读这张面孔应该是很久远的事了，记得它从前没有这许多沟壑，喉间也没有这种呼吸不畅的细微声音，他的眼睛里从不会闪过一丝疲劳带来的困顿，一向挺拔的身姿也不会依靠腰峰来支撑，我知道，岁月，无法抗拒！

好在，属于他们的那个最美好的时代，直到今天，仍然没有过去！

1987年夏天，我带着所有新生共同的好奇潜入表演系课堂偷窥女生，不想如笨贼般在安静的课堂弄出响动，于是一个身形如刀、长发及肩的男人站起来，在逆光中回身怒目而视，记得那一瞬间好像世界都安静下来，到今天笑谈起来，仍然让我们瑟瑟发抖，那个时候我真的知道了一个教师的具象概念，它似乎是自骨子里的纯粹爆发出来的一身光彩，它所带给我们的，应该是一种叫做热爱的东西！

马老师，因为名字的关系，我们更愿意私下打趣说，应该有部小说抑或电影叫做《精武英雄》，之所以要马老师自编自导自演，更深处的原因，大约是因为他在我们的心目中，实实在在是个英雄！

如果你如我般有着父辈的关系，自幼便关注着马老师意气风发时的一个个银幕上的样子；如果你如我般正巧在学院读书时目睹他盛年时的激情课堂；如果你也和我一样有机会在拍摄时和这位亲力亲为的老人合作，你一定会相信：一个男人的魅力，一定来源于他的专注！

其实，依他的天分，他应该是可以驰骋银幕这几十年的，即便在教学之余把精力转移一部分到我们今天这个功利场上，造化也一定不低，但是：孩子们需要他，这是他说的！

我确实惊叹过他从早到晚对每一个学生所做的一切，似乎他没有别的生活，这些孩子里偶成大器者有之、不成器者有之、感恩者有之、健忘者有之，其实幽怨者也有之……即使如此，他依旧做着他心有所属的这一件事！

说他是英雄，并非胡言，因为他用一生做着一件事，你可以试一试自己是否能够做到！记得如他一样自新疆大地走来的王洛宾老先生说的：一生只做一件事情，哪有做不好的道理？

到这里我们看到的似乎是一个板正、不苟言笑的马精武老师，其实那只是他七十二变中的一环，如果你知道他身后真正的如来如何帮助他走过这几十年，你一定会轻轻地在心底为这个男人庆幸。

在清汤寡水的二十世纪八十年代当学生，其实有一种苦乐交织的味道，所幸有马老师和苒苒老师的一个称之为家的地方，我曾有运气参与到随机的酸菜白肉和偶尔的羊肉手抓饭的等待当中，那随之而来的场面和抢劫无异，那时我还不好意思地看着马老师这些嫡系学生，心生妒意的同时索性也不顾颜面进入到油汪汪的抢劫大军之中，现在想起来，忘了去注意当时两位老师的样子，但可以确定的是老两口一定和在课堂上迥然不同，我想应该是那种慈祥的样子吧！

其实师长就是这样，之所以能让你今天深躬到地，说到底是心底深深地折服！我们的教育如果真的看重以自己行走在人生路上的样子来引领，应该有更多的孩子们受益，但是，那种专注需要牺牲很多很多，谁会真的用生命来做这件事？

今天和一些马老师麾下的毕业生接触，都有一个共同的体味：就是来自心底的自由！那是自大学入学之处就奠定了的素质，那是从一开始就要彻底地解放自己、释放束缚的潜意识，那是一种修行之道，如你有缘，将助你前行！对于来自五湖四海的孩子们来说，那并不容易，但是他们在引领下做到了，即便已经改行的同伴也能清晰地传递给你：他此生受益无穷！

1999年冬，我再执导筒，挫折后的我战战兢兢，拮据和寒冷一直侵蚀着让我面临放弃，那个时候65岁的马精武老师应邀前来，他的快乐开始慢慢感染着这个麻木的团队，然后，他必须被五花大绑扔到地上踢打。

没有任何特效和技术支持，我们能做的就是实拍，马老师以他一贯的笑容招呼着所有在场的孩子们，终于开始了。

那个时候我在监视器下被黑布盖着，当声音响起、画面呈现时，感动的泪水一点点流了下来，当时不知道为了什么在感动，唯一能知道的是：从此以后，自己的身体里，将有一种东西叫做克服，有一种东西叫做承受！

如果你在少年时有幸遇到一位长者、朋友，他的优秀足够把你从男孩儿到男人的过程变得有趣有益，那这种成长是难能可贵的，感谢马精武老师，如果你也遇到他这样的人，那一定是你的福分！

所幸，属于他那个最美好的时代，还在持续，希望越久越好！

难忘的日子

王昌娥／表87班

“叭！”一只钱包掉在我面前的地上，我马上捡起来大声向周围问道：“谁的钱包掉了?”那时候我还不满18岁，这是在我报考北京电影学院时考场上的一幕，虽然至今已经27个年头了，却清晰得历历在目，那时坐在考官席上的有马精武、李萬萬、郑建初、李庆如和穆凤兰老师。钱包是萬萬老师扔过来考察我的即时反应的！

就这样我走进了北京电影学院的校园成为这里的学生。表演系每天早晨是要出晨功的，刚刚入学的孩子们早上爬不起床，马老师肯定是第一个到校园，挨屋敲门从被窝里把孩子们喊醒，那时的他腰杆笔直、神采奕奕！

有一年元旦，学校放假，在北京有亲戚的同学都回家了，宿舍里只剩下我和陶青，忽然马老师和萬萬老师来宿舍看我们，见只有我俩孤守宿舍，于是决定带我们去黄元家聚餐，我们在那里第一次尝到了俄式晚餐，同时更见识了黄元老师（北京电影学院音乐老师）的母亲（翻译家赵洵）那极致的优雅，至今难忘！

随着年龄的增长，我们的青春在阳光下不安分地跳跃着，不知让老师为我们担了多少心，也不知给老师惹了多少祸。唉！虽然我自认为很老实，但也逃脱不了感情的冲击与洗礼，每当不能自持，便跑去老师家找苒苒老师诉说，她总是耐心地疏导，让我的心能安静许多，从迷茫中渐渐理清思绪，知道该怎样走后面的路。许多同学私下都说苒苒老师比较严厉，可奇怪的是我自始至终也从没有过他们说的这种感觉，在我的眼里、心里，苒苒老师一直都是那么智慧、和蔼、实在！她的话我言听计从、绝不怀疑！这是发自内心的信任与依赖，只有对父母才有的信任与依赖！至今我每每回忆起那温暖的小屋，一段段温馨的画面就会映入眼帘，湿润了眼睛。

毕业后我被分配到上海电影制片厂演员剧团，虽然远离了母校、远离了亲爱的老师，但对他们的思念越发强烈了，每次逢春节我必定会寄去贺卡，送上对恩师的祝福！

马老师不但是位表演艺术家，他还极其富有才华，在他的家里可以有幸欣赏到他的书法、绘画、篆刻，还有他最拿手的“捏泥人”，每个泥人都栩栩如生，动作表情十分逼真，好像被赋予了灵魂一般。我想，我们这些学生刚入学时就像一块块的泥巴，在马老师的精心塑造和呵护下，一步步走向希望，迈向成熟，奔向成功！

2001年，我们班钱雁秋编剧并导演了电视剧《英雄》，我和马老师、张子健、胡晓光一起参加了拍摄，在剧里我扮演女土匪头子“莲姑”亲手杀掉了“老刀把子”（马老师扮演），暗恋“燕双鹰”（张子健扮演），伙同日本浪人“沈七七”（胡晓光扮演）与共产党顽战，情节相当曲折。我们这部戏是在门头沟地区的灵山拍摄的，元旦开机一直拍到春节过后，正赶上最冷的时候，而且大部分戏是夜间野外，作息时间就是从早上睡到下午3点钟起床化妆，5点出发达到山顶，天一黑就开始拍戏，一直拍到天边出现曙光，然后收工回住地，虽然艰苦但是与亲人们（同学、老师）在一起拍戏总是觉得特开心，隔段时间苒苒老师就会带着刚刚一岁的小孙女马千鹤，大锅小盆地往剧组送上她精心熬制的炖肉，让我们美美地饱餐，俺们那心里面啊！暖暖的啊！有这样坚实的家属团作后盾，真是幸福无比！

有一天我们拍完夜戏早上照常收工回住地睡觉，当我睡到下午两三点时，突然有人敲门，我迷迷糊糊地爬起来开门一看，顿时惊讶万分，只见马老师头上身上都是雪花，手里托着一个非常精致的五彩大蛋糕，旁边的张子健手里拎着烟花和爆竹，咧着嘴笑着对我说“生日快乐”，我当时都傻了，根本忘了那天是自己的生日，高兴得跳起来抱住了马老师和张子健，真的没有想到他们这样细心，竟然记得我的生日，我眼含着幸福的泪水，望着他们头上和身上尚未消融的雪花，感受到他们带回来的凉气，那种感激和幸福实在无法形容！原来那天早上收工回来后，马老师和张子健根本就没有休息，他们和钱雁秋商量后，找了一辆小面包车直奔门头沟镇去为我买蛋糕，因为雪天路滑，而且全部都是狭窄的盘山道，仅一个单程就需要三个多小时才能到达，他们在路上足足颠簸了六个多小时才回到住地，这时已是下午了，那是我过的最幸福、最有意义的生日，那天晚上我们没有拍戏，大家在一起回顾校园生活，唱校园里唱过的歌，回顾老师家里可口的“手抓饭”，回顾喜剧小品，回顾毕业大戏《赵氏孤儿》……直到今天，那一幕幕还深深印在我的心里，直到永远！

我的老师如此博学伟大，我怎能不敬！我的老师如此仁善慈祥，我怎能不爱！我将永远心存感激，带着真诚，带着永不褪色的孝心，守候在两位老师的身旁，愿他们永远开心！健康幸福！

老骥伏枥 桃李成蹊

邢岷山 / 表87班

与马精武老师的缘分正式说来应该是从1987年我考取北京电影学院表演系开始。为什么要加上“正式”二字，自然因为还存在着一个“非正式”——那是20世纪70年代初期，那时候的大银幕上除了几个革命样板戏，最出名的故事片就要数《金光大道》和《艳阳天》了。这两部电影我看了不知道多少遍，那句“谁发家谁光荣，谁受穷谁狗熊”的台词，对于一个在“文革”中长大的孩子，不啻是一句世间最悦耳、最搞笑的口号。因为在那个年代，这句话其实一直是每个人心里的一个秘密，而电影上那个浓眉大眼的村长竟然敢在亿万观众面前明目张胆地把它说了出来，并且还说得那样理直气壮，志得意满！虽然之后这位倒霉村长名正言顺地被归入了落后分子的队伍，但自此之后，在我心里却落下了个对电影里反面人物特别情有独钟的毛病。正面人物代表着正义，却总有一种拒人千里、不食人间烟火的味道；只有那些落后分子，他们嘴里说出来的话才像是坊间邻里常拉的家常，是半梦半醒中偷听到的大人们小心翼翼地私语。每次孩子之间玩抓特务游戏，我总会抢着去当特务、坏分子；每次当我摇头晃脑说出“谁发家谁光荣，谁受穷谁狗熊”的台词，总是会屡试不爽地在一片哄笑声中，将小伙伴们的欢乐放至最大。而那个给我们贫瘠的童年带来了莫大快乐的“落后村长”，就是由我日后的恩师——马精武老师扮演的。因此，当1987年那个桃飘李飞的季节，已经通过了中央戏剧学院表演系专业三试，正在家玩命准备高考的我，在北京电影学院设在杭州考点的那个操场上，第一次与活生生的“落后村长”面对面，当他朝我走过来，微笑着问我：“你为什么不和他们一起考电影学院？”没有任何人知道，那一刻对我的意义——那张浓眉大眼的长脸里有着我的整个童年！

在“村长”的召唤下，我就这样走进了北京电影学院，一切都是那么自自然然，顺理成章。

马精武老师成了我所在的表演系87级的带班主任教员，开始了与我们班这19个孩子亦父亦师的日子！

电影学院的老教师都知道，我们班是学院出了名的淘气班，人不多，祸闯的不少，都是十七八，二十出头的大孩子，懵懂、兴奋，磕磕碰碰安放着自己的青春。那个时候，马老师就住在学院后门的宿舍楼，教务处的老师三天两头跑到马老师家楼下喊：“马精武，你给我下来！”每每这个时候，就能看到二楼窗户被打开，马老师苦着脸冲楼下喊：“又怎么 啦？”

马老师是一匹“瘦马”，一辈子没胖过，虽说这两年肚子见长，但脸还是依然那么瘦。记得每次我们这些孩子给他惹了麻烦，在四处灭火之后，他总会累得一个人蹲在表演系办公室外的地上休息，两根细腿夹着一个瘦身子，膝盖快够着耳朵了，就在那儿不停地往自己的太阳穴上抹风油精。

我们给他添了不少堵，可也为他争了不少光。只要逢着什么节日需要电影学院参个赛、露个脸的，学院第一个就想到我们班，什么“一二·九”、“红五月”、“国庆节”“教师节”，回回出门都能载誉而归，从没空着手回来的。所以，提起我们班，全院的老师是又爱又恨。现在回过头来想想，其实我们班的气质无处不烙着“马精武”的印记。马老师就是这么一个自然率真、爱笑爱闹，一辈子没有城府、不经世故，满脑子都是电影、学生的大孩子！

马老师是我们班的大家长，同学们谁失恋了就到他家去哭；谁饿了，半夜也会去敲他的门。但在课堂上，马老师是个非常严格的老师，别看我们这些孩子淘气，可在他的专业课上，每个人都是一副敛神定息、不动尘心的模样。马老师的课既充满了激情又有无处不在的严谨，他对表演有一种异乎寻常的虔诚，任何对表演的不敬都是令他不能容忍的。别看马老师平时嘻嘻哈哈、大大咧咧，四年中，唯一一次让我们领教了他原来也会因愤怒而掉眼泪，起因还是因为我。

同学们总说马老师对我特别偏爱，在学院四年，所有大戏的男一号一定是我的。不管是不是偏爱，我承认马老师一直很培养我。我在班里算是年纪偏大的，比起有几位刚从普通中学毕业的同学，我这个入校前就已经有九年舞台经验的“老演员”，在领会老师教学意图上可能比别人更快，体现得可能更好，因此机会相对更多。在我们的毕业大戏《赵氏孤儿》中，马老师安排我出演A组男主角程婴。这出戏在学院的剧场公演了十几场，反映很好，得到了各界的肯定，老师和同学们都特别高兴。有一天，B组演出时，饰演晋灵公的同学因病不能到场，老师让我替他演出。因为晋灵公戏不多，我自认为这么多场程婴我都完成了，小小的晋灵公对我来说太轻松了，思想上不免生出了懈怠。下午排练，我在舞台上第一次开始走神了。有一个背对观众的当口，我发现站在舞台后侧那几个帮我们来配演宫廷武士的业余表演班学弟，平时我们总在一起嬉笑打闹，今天看他们难得的这么一本正经，我就冲他们努力地做鬼脸，结果不仅是学弟，就连旁边的同学也都被我给逗乐了，大家控制不住地笑场……我第一次看到马老师发了如此大的脾气——“你是不是骄傲了？你以为你演了主角，就看不上小角色了？在舞台上，一个演员怎么可以这样游戏地对待他的表演！”他痛心疾首，我从未见他对我如此的严厉。那一刻，我看到老师的眼里竟然闪出了水光。这个画面我一辈子都会记得，他让我明白了表演对于一个演员的意义。

当然，现在和老师在一起时，有时提起这件事，老师会很坚定地说：“我没哭过！”是啊，我可爱的老师，因为爱我们，他选择性地忘记了我们所有的不好，他应该是永远快乐的！我们是他在北京电影学院带的最后一个班，1998年，老师退休。退出教学一线的老师重返他熟悉的大银幕，在《夜宴》、《七剑》、《赤壁》、《孔子》、《战国》、《杀生》等许多大制作影片中都能见到他的身影，我为老师的忙碌而高兴！他们那代人在本该最忙碌的年纪，却因为特殊的历史原因无法施展他们的才华；作为电影学院的教授，他又将本该属于台前的艺术生命奉献给了他的学生，同为演员，我明白这份牺牲意味着什么。

夕阳无语，芳草有情，我相信马精武老师会在他每一个学生身上看到自己的身影，我也期待在今后的日子里，能不断看到马老师塑造的一个又一个生动的人物。

衷心地为他祝福！

似慈父，长许追随无计日

张嘉译 / 表87班

马精武老师出版自传，邀我作文，作为学生，倍感荣幸，欣然应允。提笔之时，忆起大学四年间，马老师在学业上对吾辈传道授业、生活中如慈父般关怀备至，这些过往，历历在目。

1987年，17岁的我，对于表演懵懂无知，对于未来未有筹谋。冥冥之中和马老师有着相似的开始：因在报纸上无意间看到北京电影学院招生广告，便在众人劝说、自我好奇之下，踏上了考学之路。最终，我幸运地与19个来自天南地北的年轻人一起，走进了北京电影学院表演系87级本科班的集体里，而马老师正是我们的带班老师。

那时的我可以说是白纸一张，任由书写。虽然人们常说“师傅领进门，修行在个人”，但我认为带你入到这个“门槛”的人尤为重要。因为系统教学方面理论基础虽然相通，但教学方法却是千差万别的。在大学这段人生成长最为关键的时期，从一个老师身上，我们将学到的不仅是书本上的东西，更让你看到如何认识你的职业，热爱你的生活。可以说，我们班的每一位同学直到现在都怀揣着对“演员”这个职业的极大热情，这与那时马老师的言传身教密不可分。

北京电影学院建校之初，邀请了几位苏联专家指导教学。而马老师作为1956年北电招收的第一批学生，便由苏联专家亲自授课，这也让他真切、直接地领悟到了“斯坦尼斯拉夫斯基体系”的真谛。斯式体系的精华在于体现出人的“天性”，而表演系学生入学的第一课便是“解放天性”。马老师主讲表演教学居多，整体教学风格呈现出粗犷式、开放式的教学特点。他在引导我们解放天性、释放自我的过程中，不断向我们示范，并营造出各种想象的空间。他对教学的热情、他自身所具备的魅力，始终深深地感染着我。

此外，令我感触更深的则是我们亲如父子的师生关系。那时，甚至是现在，我们见到马老师都是叫“马老爹”的，他对每一位同学真的都像自己的孩子一样。记得那时我们6点就要起来“练晨功”，年纪小、爱赖床，老爹就逐个去宿舍叫我们起床。平时有任何问题我们也都可以去老师家请教，他为我们炖羊肉、做羊肉泡馍，精细到这个份儿上。到后来，我们总是以请教为由，经常去老师家蹭饭。他对我们来讲更像慈父，甚至比一个父亲照顾得更为周全。

记得快毕业时马老师跟我说过，你毕业后可能很长一段时间演不到戏，或者只能演一些配角。但如果你真正热爱这个职业，就要坚持！这句话印在了我的脑海里，所以至今有人说我“大器晚成”时，我仍不以为然。因为那时我的启蒙恩师所教我的并非追名逐利，而是潜心专注。我想也正因他如此的心态，才能保持着演员的最佳状态。正所谓——师淡泊，皆是尘灰披两肩，备受人尊。

老师眼中的那道光

张子健 / 表87班

有时候跟人说起自己在电影学院读书时的往事，经常会提到在老师家举办的家庭聚会。每次聚会，几乎全班的同学都会围在老师家的餐桌旁，等着老师把亲手做好的饭菜端上桌，等着老师宣布开始，就迫不及待地把满桌的美食往肚子里送，然后惬意地想着下一次聚会，餐桌上会有哪些没吃过的佳肴。

马老师和苒苒老师的手艺，所有同学至今啧啧称奇。

那四年，我们记不清在老师家享受过多少次这样的家庭聚会，这种家的温暖一直深植心底。

而课堂上是另一个景象，马老师在这里留给我们的更多的是严苛表情。

在这样的严苛表情里，有我们对电影表演从懵懂到成长的过程。到现在，每一次面对一个新的角色时，那严苛的表情带来的潜意识积累，都在要求自己不能怠慢所从事的专业。

马老师虽严苛，但从来不失亲切，唯有那一天，让我们见到了特别的马老师，更加令人刻骨铭心。

在一次演出前的排练中，班里一位同学在观众看不到的角度，做鬼脸逗笑了戏里请来的临时演员，这当然算是一次演出事故，不过我们都没有太在意，毕竟只是排练。但是马老师异常严肃地谈起了演员的艺德。他说无论有多好的表演技巧，都没办法相信一个没有艺德、不尊重观众的演员会有令人尊敬的艺术成就。说着话，我看到在课堂上热情似火、在家里慈祥温和的马老师，眼睛里居然好像闪过了一道水光。

他真的痛心了。

虽然转瞬即逝，看不分明，但是那道光从那时起就存在我的心头，一刻也没敢忘记。

毕业这些年来，跟别人谈起他们夫妻俩，我会以老师相称，但只要同学们聚在一起，只要出现在二老的面前，所有同学脱口而出的永远是：老爹，老娘。

至今，每一次的家庭聚会，依然是我们最温暖的习惯。

如父之师

胡晓光 / 表87班

“咚咚咚……”一阵急而有力的敲门声，我正伏桌吃着从西影厂招待所食堂打来的午饭，还未待我起身去开门，门已被推开，随着人影的闪进，一串洪亮而略带沙哑的声音扑面而来：“你好！我是马精武，北京电影学院的老师，你是来参加我们招生考试的吗？”我急忙起身，只见一位身材修长，头发黑而略长，蓄着修剪有型的黑胡子的中年汉子，笑呵呵地站在我面前，一双黑亮的眼睛紧紧地盯着我，上下打量着。望着眼前这张陌生而又熟悉的面孔——陌生，确实是第一次见；熟悉，好似又在哪见过——我瞬时心跳加速，喉咙发紧说不出话来，只是木讷地点了点头。“你怎么才来？”老师边说边用双手向后捋着头发，“明天我们都要考三试了。”20世纪80年代，信息相对比较闭塞，我在兰州得知电影学院在西安招生的消息，便立刻跟单位请假，匆匆赶来应试，不曾想已错过了初试和复试的时间。“那我明天还能参加考试吗？”“开什么玩笑，绝对不行。”还没容我流露出失望，“这样吧，我们下一站是杭州，你可以去那儿考。”“老师，可我只请了一个星期的假，时间上恐怕……”“要不这样，一个月后我们回北京考，到时候你来吧。”……送走了老师，我回屋呆坐在那儿好一会儿，恍然想起，刚才眼前这位汉子，不就是我少时看过的电影里头的“马老四”、“张金发”吗？顿时激动得我全身发热……当即决定一定去北京赶考，并最终通过考试，成为表87班的一员。

后来才知道，是西影厂的一名导演，在招待所食堂看见我后，向马老师提到了我，也就引出了上面一段马老师与我不期而遇的第一次对话。时间：1987年3月下旬的某一日。

圈里人都知道，马老师处世为人，心直语快、不亢不卑、率直、随和，言语间不时流露出幽默。但是在学业上，对我们的要求，那是绝不留情面的。记得有一次，表演课要交作业，有几位同学课前没有做准备，未能交上作业，马老师大发脾气：“你们到这里是干什么来了？课下不做准备，我这个课怎么上？你们对得起你们的父母吗？对得起全学院上上下下为你们付出的教职工的期望吗？”说着说着马老师说不下去了，全班同学都忍不住地哭了。

表演系有规定，学生大三前除了节假日，每天早晨六点半要出晨功，有时头天晚自习同学们排练比较晚，第二天就很难起得来床，马老师就跑到学生宿舍，不管是男同学还是女同学，挨着个地掀被子，照着屁股就是一巴掌，“臭小子，给我起来！”“懒闺女，起床，出晨功。”有一次，某位女同学的母亲来学校看女儿，时间晚了没走，就睡在了女儿的床铺上，女儿去别的宿舍睡了。第二天早上，这位母亲未起，免不了屁股上也挨了马老师督促晨功的一巴掌。

记得我们大二的第一学期，临近期末，表演课的作业量比较大，正课时间根本就不够用，老师们只好晚上加课排练，一排就是十来点钟才结束，有时都过了子夜时分。恰在此时的某天，马老师读高中的儿子，学校要开家长会。苒苒老师（马老师的夫人）作为文化使者，去了苏联的莫斯科电影大学。身为主任教员的马老师实在是脱不开身，只好委托我这个班长，代他去开儿子的家长会。待我开完家长会回来，马老师还在给同学排练。等到排练完，夜深人静，马老师让我去家里说说家长会的情况，我刚说了几句，就见马老师倚在沙发上，睡着了，手指间还夹着未灭的香烟……

马老师的包容之心，作为他的学生我也深有体会。记得某一天课间时间，我在楼道里遇见了时任表演系主任的刘诗兵老师。他问我对班上的教学有什么看法，我一股脑儿地把我的想法说了出来。过了几天，我去马老师家，一开门，马老师面带微笑，冲着我："好你个臭小子，竟敢反对我的教学大纲……"我心里一紧，大事不妙！待酒菜端上来，一杯暖暖的黄酒下肚，马老师又说："对教学有想法，不是坏事，不管你的看法对不对，起码说明你是认真动脑子了。"品着黄酒，听着马老师的一席话，我浑身暖呼呼的……

我们表87班，入校时共19位同学，只有一位同学家在北京，父母却经常在国外。当时，学校食堂的伙食一般，几乎是每逢节日，抑或是周末，马老师都要请同学们到家里"撮"一顿，让我们好好解解馋，以免我们想家。记得有一次，年末快至元旦，马老师请同学们还有马老师当年的同学以及子女，一共25人去家里"撮"。当时，苒苒老师出差不在家，马老师主厨，因为厨房太小，我一个人给马老师打下手，我们动用了家里所有的锅碗盆盘，凉拌、爆炒、清蒸、清炖、红烧……忙得我们爷俩不亦乐乎。每端上一道菜，顷刻间，一扫而光。又炖好了一锅羊肉，端了上去。回到厨房，马老师说："这下够他们吃一阵子，咱爷俩喘口气，抽支烟吧。"点上烟，还没抽几口，伸进来一个脑袋："一锅又光了，还有吗？"……那次的聚餐真是难为了马老师，我这个打下手的也没能好好地吃上一顿饱饭。

大学四年一晃而过，毕业后，在马老师的荐举下，我留校任教，成为一名表演教师。"人物"关系虽然发生了变化，但老爷子在我心目中永远是恩师、父辈和朋友。从我们入学的那一天起，马老师和苒苒老师就像对待他们的儿子和女儿一样关心呵护着我们。大家也都不约而同地亲切称呼马老师为"老爹"，称苒苒老师为"老娘"，他们是我们的恩师，也是我们的亲人。

致最敬爱的“老爹”

钱雁秋 / 表87班

听说马老师和苒苒老师要出传记，便暗自下定决心，不管工作多忙，身在何地，都要凑上一篇文章，虽不能为新书添彩，总算是可以弥补这些年因为忙碌，而忘却了的，早就该对老师说的“谢谢！”除此之外，便是总在唇齿之间，却没有机会向他们表达的深情厚谊和美好祝福。

我是表演系87班的学生，马精武老师的不肖弟子，说不肖绝不是谦虚之词，那是因为多年前我便已经改行做了导演，成了表演系87班最早的“叛徒”之一，但是想想马老师和苒苒老师年轻时也曾做过导演，拍过很多电影和电视剧，约略在二老心中，做导演应该还不算是完全的“叛徒”，总比做小买卖，满世界骗钱去来得好些，因此心中的愧意才稍稍减少。

说起我们与马老师的关系，用师生来定位，似乎不太准确，应该说是如父子一般的亲人。当年那些十几岁的孩子撒娇抱怨，轻狂浮躁，委屈愤怒，面对这些，他们需要仁爱，需要耐心，需要拿出照顾自己孩子十几倍的精力去照顾这些所谓的“学生”。毕业若干年后，我们仍在谈论这个话题，我们与其他大学的大学生是不一样的，其他大学的大学生只能在课堂和办公室见到老师，而对于我们来说，马老师的身影无处不在，有时会出现在你的宿舍，为你掖好被角；有时在食堂，当你摸遍全身，没有饭票时，替你买菜买饭；还有的时候，也许是在你失恋时，像“祥林嫂”一样到处倾诉，却惹得身边同学四散躲避，而他却甘于坐在你的对面，面带微笑，没有抱怨地做着感情垃圾桶，听你絮絮叨叨，无聊地吐着苦水。而今，在摄制组中，只要有三两同学聚在一起，总会说起当年到马老师家吃饭的情形，当马老师炒完菜从厨房里走出来时，原本放在桌上的十五斤红烧猪肉以及十斤炖羊肉已经被以我为首，以张嘉译、张子健、邢岷山、刘岷、姚鲁及我班所有女生为辅的一众粗人吃罄，几乎连汤都没有剩下，看着马老师惊愕的表情，和略带尴尬的笑容，至今说起，我与嘉译、子健都会大笑不止，直到眼泪流出。

二老从青年时期便从事表演教学工作，而今已是业界耆老、大师元宿，可以称得上育人无数，桃李满园，在他们所带过的班级、教授的学生之中，有两个班最为与众不同，也倾注了他们最大的心血和热情，一是马老师任主任教员的表演系87班，一个是李苒苒老师任主任教员的表演系89班。马老师和苒苒老师的性格迥异，教学方法也是截然相反，马老师讲究大开大阖，解放天性，从大轮廓，大气势入手，找到自信，找到自我，进到马老师的教室，老头子跑过来，拍脑袋，打屁股，一顿嘴巴子，学生们也是“儿子”“老爹”“老爷子”地乱叫，外人看来，场面似乎有些混乱，可它的奇妙之处在于，令课堂的气氛登时轻松活跃了许多，与此同时，人的脑子似乎也活跃起来，各种奇思妙想，古怪招数纷纷呈现，那可真是不一而足。因此，有些人说，马老师适合教男生。而苒苒老师的授课方式便不同了，她讲究的是人物间细致入微的交流，准确的判断，对规定情境融入式的适应，上苒苒老师的课，虽没有马老师的课那么热闹好玩儿，却如潺潺小溪，涓涓细流，轻轻淌过你的心灵，让你感到自然的细腻雅致。因此，有些人说，苒苒老师适合教女生。比其他同学幸运的是，表87、89两班同时沐浴了这两位高手不同教学方式的洗礼，令人受益匪浅。这两个班人才济济，目前，活跃在影视界的很多大腕明星，如：张嘉译、张子健、柳云龙、俞飞鸿、邵兵、姚橹、王茜等等，都是出自这两个班，不仅如此，87班还出了两个导演，其中一个就是不成器的我——钱雁秋，说不成器是有点儿谦虚，毕业后拍了五六百集连续剧，也不乏脍炙人口的作品，比如《神探狄仁杰》系列，《狸猫换太子》、《英雄》、《猎鹰1949》、《飞虎神鹰》、《平原烽火》等等。而“老爹”还在《英雄》里与我合作，出演步鹰，没少被我折腾，我能有这些成就，最应该对二老说声谢谢。

现在，“老爹”依然会不时出现在片场，而我们这帮孩子们，最希望对老爹说的是：“您一定要健康、快乐！有您这样的老爹，是我们的福气，我们爱您！”

神仙眷侣

——马精武老师、李苒苒老师

黄晓明 / 表96班

在我心里，马精武老师和李苒苒老师就是艺术圈的一对“神仙眷侣”，他们总是让我想起《神雕侠侣》里的杨过与小龙女，与世无争，但却都身怀绝技。

1996年我进入北京电影学院表演系，那个时候马老师和苒苒老师都已经从电影学院退休，但时常还能从崔老师（崔新琴）那里耳闻他们的“传说”，偶尔，他们也会回来看望学生们，我很幸运地听马老师讲过一堂课，虽然时间短暂，但一次就印象十分深刻。刚开始我还觉得马老师有点严肃，可他一开口就能让你放轻松，非常的幽默风趣，会各式各样的方言，总是能够让你一下子就豁然开朗。和他熟络了以后，我就常常跟他请教演戏的事情。他是北京电影学院表演系唯一一位开设过喜剧专场的老师，喜剧很难演，也很难把控，但马老师的喜剧天赋让他信手拈来，也让我们做学生的受益良多。

后来终于有机会和马老师合作，在冯小刚导演的《夜宴》里，我有幸与马老师饰演一对父子，这让我极其兴奋。虽然我和他仅有为数不多的几场戏，也让我过足了瘾，更令我深刻感受到他演技的精湛，这一次可谓是实战教学，让我受益终生。跟他对戏时，只要与他对视三秒，就能立刻被他带入戏境，对我而言，这才是真正有魅力的艺术家。

再说李苒苒老师，她和马老师一样才华横溢。演戏，那自然是专业本分内的事，教学之外，两位老师还有令人钦佩的才艺。马老师的书法一流，不仅文笔好，字也写得极为漂亮，除此之外会捏泥人。不论是动物还是人物，马老师都捏得惟妙惟肖。苒苒老师更是“出得厅堂、入得厨房”的典范。教学以外，苒苒老师还擅长写剧本，不论是电影还是电视剧，都已有作品进入观众的视野。她还喜欢做衣服，新买回来的衣服她总要自己小小改良一下，附上自己的小特色才会收入囊中。但苒苒老师最深得学生们心的地方，则是她的厨艺！对于我这样一个吃货来说，闲时去苒苒老师家蹭饭，那是再平常不过的事情，就算只是给她一棵大白菜，她也能做出色香味俱全的美食出来，这个真是一点都没夸张。

马老师和苒苒老师他们两人性格互补，可谓才华伉俪，算是难得一见的模范夫妻，“教书育人”是他们一生的写照，由此深受学生们的爱戴，且为人低调谦逊，对谁都和蔼可亲没有架子，生性就很喜欢亲近学生，经常请学生去家里玩，即便现在都已经当了爷爷奶奶，也还会抽时间去和各个年龄段的学生们聊天、解惑。不论毕业多久的学生们，都依旧还会和他们保持联系，这种亦师亦友的关系，让他们桃李满天下。

现如今，他们的小孙女嘟嘟也到了上高中的年纪。我也算是看着她长大的，每次看到这个活泼可爱的小女孩渐渐有了大女孩的模样，我就很是羡慕。嘟嘟生下来就非常可爱，是个高个子，她天赋异禀，很小就秉承了马老师和苒苒老师的艺术细胞，不仅气质极佳，也画得一手好画。马老师和苒苒老师两位不但德艺双馨，还将艺术不断地传承，他们在我心中是最高的艺术家，是永远的领路人，更是永远的偶像和榜样。

传记写完了，是我口述，由褚秋艳女士编撰的。要完成这样一个任务，对她来说是艰难的，因为她要跨越年龄、性别、专业的鸿沟，以我的口吻来描写我的岁月，但我觉得她很不错，写得很好，比我说得好，我们相处得非常愉快。

感谢我的学生，演员委员会的会长唐国强，以及人民交通出版社的朱伽林社长。因为唐国强的提议和人民交通出版社的大力支持，我和李萬萬才有机会出版自己的传记。感谢为我撰文的朋友、学生们，你们的真情实感让我很感动。还要感谢人民交通出版社股份有限公司的文化创意发展中心副主任邵江及其率领的编辑们，以及演员委员会秘书长张歌、图书出版部负责人高鸿雁、艺术家诗书画学会副秘书长刘蕙菡和青年演员姜维，这两个年轻的团队为我们这两本书的出版付出了辛劳。

由于采访加撰写的时间只有短短四个月，而我的记忆也难免出现偏差，若传记中偶有错漏之处，还望朋友们见谅。

马精武

能有机会为马精武老师写传记，是一件非常荣幸的事情。

第一次见马老师之前，我做了功课，看了很多他的电影和访谈节目，这位影视表演艺术家在我心里的形象之高大辉煌自不必言。想写好这本传记，尤其是要以马老师口述我撰写的形式，我深知，除了是对自己文字能力的极大考验之外，还要看缘分。对一个陌生人将自己的人生娓娓道来，心无芥蒂，这不是一件容易的事情。万幸，当马老师打开门，向我微笑，与我握手的时候，我心里莫名地安稳了。

马老师是一位天生的艺术家，除了表演艺术以外，他说的各地方言，他写的字，他捏的泥人，都能轻易地让人为之心折。难得的是，马老师非常赤诚、热情、随和，距离感在他这是不存在的，采访过程中，我们笑声不断，彼此迅速增加着了解与信任。然而，采访工作的愉快，并不代表写作工作的轻松。马老师和苒苒老师都是认真、严谨的教授，对于一个人的人品、能力，他们有着自己的高标准严要求。传记对一个艺术家来说意味着什么不言而喻，我虽然对自己的能力有把握，但仍然很忐忑，我能达到老师们的要求么？

对马老师越了解我就越感觉到他好像一座山，矗立在眼前，云雾缭绕，我需要一点一点看清楚，找到上山的路径，发现沿途的美景，最后用文字将这座山完整地呈现出来，难度可想而知。年龄、性别、专业，这些都是摆在我面前需要我跨越的鸿沟，我的文风要阳刚，要成熟，要对时代变迁有较准确地把握，要抓住马老师的神髓，要不时想象自己就是马老师，才有可能以第一人称完成这本传记。

在艰苦的摸索后，我将两章文字放在马老师和苒苒老师面前，等待评判。考试成绩不错，马老师满意，苒苒老师也给了我肯定，这让我惊喜。苒苒老师是一位优秀的编剧，亦有很多理论著述，她对于文字的要求是极为精准而严苛的，想得到她的认可，真的需要足够努力和优秀才行。而苒苒老师又是亲切慈爱的，看见我压力沉重她会拍着我的背说："没事的没事的！"见我不好好吃饭她会送我"爱心汤"……苒苒老师和马老师的严格，让我进步，获益匪浅，而他们的温暖，则让我怀着一腔丰沛的情感写完了剩下的文字。到此时，这本传记已经不再是单纯的工作了，我将它看作我与两位老师之间的缘分。再不舍，工作也总有结束的那一天，然而缘分，却是能一直延续的。

在四个月的时间里要完成全部采访和撰写工作，构思时我的想法很多，但实际上力有不逮、挂一漏万的地方不少，遗憾是必然存在的。感谢马老师、苒苒老师对我的理解和体谅，您们对我的肯定我会收藏在心底，作为我继续前行的勇气。

感谢人民交通出版社邀我来撰写这本传记，我亦庆幸当时能果决地接受邀约，这为我打开了一扇门，让我看见了一个美妙的新世界。

感谢这几个月来，一直陪伴我，给我帮助的老师和朋友们。